Christoph Zeile

Klassifikation von Führungsinformationssystemen und T
lichen Kriterien

Bibliografische Information der Deutschen Nationalbibliothek:

Bibliografische Information der Deutschen Nationalbibliothek: Die Deutsche
Bibliothek verzeichnet diese Publikation in der Deutschen Nationalbibliografie;
detaillierte bibliografische Daten sind im Internet über http://dnb.d-nb.de/ abrufbar.

Copyright © 1994 Diplomica Verlag GmbH
Druck und Bindung: Books on Demand GmbH, Norderstedt Germany
ISBN: 9783838615066

http://www.diplom.de/e-book/217353/klassifikation-von-fuehrungsinformationssys-
temen-und-test-nach-betriebswirtschaftlichen

Christoph Zeile

Klassifikation von Führungsinformationssystemen und Test nach betriebswirtschaftlichen Kriterien

Diplom.de

Christoph Zeile

Klassifikation von Führungs-
informationssystemen und Test
nach betriebswirtschaftlichen
Kriterien

Diplomarbeit
an der Bayerischen Julius-Maximilians-Universität
Dezember 1994 Abgabe

Diplomarbeiten Agentur
Dipl. Kfm. Dipl. Hdl. Björn Bedey
Dipl. Wi.-Ing. Martin Haschke
und Guido Meyer GbR

Hermannstal 119 k
22119 Hamburg

agentur@diplom.de
www.diplom.de

ID 1506
Zeile, Christoph: Klassifikation von Führungsinformationssystemen und Test nach betriebswirtschaftlichen Kriterien / Christoph Zeile · Hamburg: Diplomarbeiten Agentur, 1999
Zugl.: Würzburg, Universität, Diplom, 1994

Dipl. Kfm. Dipl. Hdl. Björn Bedey, Dipl. Wi.-Ing. Martin Haschke & Guido Meyer GbR
Diplomarbeiten Agentur, http://www.diplom.de, Hamburg
Printed in Germany

Diplomarbeiten Agentur

Wissensquellen gewinnbringend nutzen

Qualität, Praxisrelevanz und Aktualität zeichnen unsere Studien aus. Wir bieten Ihnen im Auftrag unserer Autorinnen und Autoren Wirtschaftsstudien und wissenschaftliche Abschlussarbeiten – Dissertationen, Diplomarbeiten, Magisterarbeiten, Staatsexamensarbeiten und Studienarbeiten zum Kauf. Sie wurden an deutschen Universitäten, Fachhochschulen, Akademien oder vergleichbaren Institutionen der Europäischen Union geschrieben. Der Notendurchschnitt liegt bei 1,5.

Wettbewerbsvorteile verschaffen – Vergleichen Sie den Preis unserer Studien mit den Honoraren externer Berater. Um dieses Wissen selbst zusammenzutragen, müssten Sie viel Zeit und Geld aufbringen.

http://www.diplom.de bietet Ihnen unser vollständiges Lieferprogramm mit mehreren tausend Studien im Internet. Neben dem Online-Katalog und der Online-Suchmaschine für Ihre Recherche steht Ihnen auch eine Online-Bestellfunktion zur Verfügung. Inhaltliche Zusammenfassungen und Inhaltsverzeichnisse zu jeder Studie sind im Internet einsehbar.

Individueller Service – Gerne senden wir Ihnen auch unseren Papierkatalog zu. Bitte fordern Sie Ihr individuelles Exemplar bei uns an. Für Fragen, Anregungen und individuelle Anfragen stehen wir Ihnen gerne zur Verfügung. Wir freuen uns auf eine gute Zusammenarbeit

Ihr Team der *Diplomarbeiten* Agentur

Dipl. Kfm. Dipl. Hdl. Björn Bedey –
Dipl. Wi.-Ing. Martin Haschke ––
und Guido Meyer GbR ––––

Hermannstal 119 k ––––––
22119 Hamburg ––––––

Fon: 040 / 655 99 20 ––––––
Fax: 040 / 655 99 222 ––––––

agentur@diplom.de ––––––
www.diplom.de ––––––

INHALTSÜBERSICHT

INHALTSVERZEICHNIS

1 Konzeption

Führungsinformationssysteme (FIS) gehören zu den am weitesten entwickelten betriebswirtschaftlichen Computeranwendungen. Mit vielfältigen Zugriffsmöglichkeiten in heterogenen Netzen, Modellbildungskomponenten, Personal Information (PIM), Groupware-Funktionen und KI-Bausteinen sind sie komplex aufgebaute, jedoch für den Benutzer über eine grafische Oberfläche einfach zu bedienende Hilfsmittel. Der Benutzer soll mit den für seine Arbeit notwendigen Informationen versorgt und dadurch bei Entscheidungen unterstützt werden.

Da FIS an die jeweiligen speziellen Anforderungen des Einsatzes in Unternehmen und an bestimmte Personen mit persönlichem Arbeitsstil und Präferenzen angepaßt werden müssen ist es notwendig, ausgehend von FIS-Entwicklungsumgebungen (Standardsoftware) spezielle, individuelle FIS-Endbenutzersysteme (Individualsoftware) zu entwerfen.

Die oben dargestellte Komplexität tritt bei der Erstellung eines solchen FIS-Endbenutzersystems (welches im folgenden der Einfachheit halber auch oft kurz FIS genannt werden soll) sowie beim vorangehenden Auswahlprozeß der zu verwendenden Entwicklungsumgebung zutage.

Die vorliegende Arbeit versucht, den Auswahlprozeß durch die Entwicklung eines Klassifikationsschemas unter Berücksichtigung von Anforderungsprofilen an fertige FIS zu unterstützen. Anhand von Mindestkriterien werden vier Entwicklungsumgebungen ausgewählt, um einen Einblick in die am Markt angebotenen FIS-Entwicklungsumgebungen zu geben.

1.1 Zielsetzung

Im Vergleich zu früheren Untersuchungen des FRAUNHOFER-INSTITUTS FÜR ARBEITSWIRTSCHAFT UND ORGANISATION (IAO), RIEGER u. a. (vgl. [RIEG90], [FRIE93], [GRON93], [KOLL93]) soll eine über den reinen Produktdatenvergleich aus hauptsächlich technischer Sicht hinausgehende Untersuchung erfolgen. Dabei können auch weiche Kriterien über Notizen Berücksichtigung finden. Die Analyse stellt betriebswirtschaftliche Kriterien in den Vordergrund.

Der Vorteil eines vergleichenden Tests gegenüber einer reinen Produktdatenerhebung mittels Herstellerbefragungen besteht darin, daß Mißverständnisse vermieden werden. Auch ist die Analyse objektiver, da Herstellerinteressen keine Berücksichtigung finden können. Nur mit Hilfe eines Tests können Probleme und Fehler von Programmen aufgezeigt werden.

Außerdem ermöglicht dieser Test unterschiedliche Sichten auf die Produkte – etwa aus den Blickwinkeln von FIS-Anwender, Informationsmanager und FIS-Entwickler – mit unterschiedlicher Auswahl und Gewichtung der in dieser Arbeit bewerteten Merkmale. Aus den individuell bewerteten Programm-Merkmalen lassen sich durch Konsolidierungsrechnungen Produktteilfunktionalitäten und ganze Produkte nach den Kriterien des jeweiligen Blickwinkels bewerten.

Die Analyse soll auf zwei Arten beschränkt werden:

1) **Entwicklungsumgebungen.** Es werden nur FIS-Entwicklungsumgebungen, keine fertigen FIS, getestet. Mit der Untersuchung der Basis für FIS-Anwendungen, den Entwicklungsumgebungen, sollen die Potentiale für die sich an die Auswahl der Entwicklungsumgebung anschließenden Entwicklungsprojekte gezeigt werden.

2) **PC-Komponenten.** Nur Softwarekomponenten auf PC-Basis sollen berücksichtigt werden. Die vielfach in der Literatur aufgestellte These, FIS auf Mainframe- oder Großrechner-Basis böten bessere Erweiterungskapazitäten (vgl. z. B. [FRIN90], S. 28) wird durch das Client/Server-Prinzip inzwischen Lügen gestraft. Die IDC (International Data Corporation) erkennt einen klaren Trend von Host-basierten zu Client/Server-Systemen (vgl. [GILL94], S. 30). Es reicht aus, wenn die Datenlieferanten (Datenbanksysteme mit betriebswirtschaftlicher Anwendungssoftware) auf größeren Rechnern laufen. FIS können dann auf die Basisdaten zugreifen. Die FIS brauchen also keine Komponenten, die auf dem Datenbankserver laufen. Bei KOLL und NIEMEIER (vgl. [KOLL93], S. 109) zeigt sich gleichfalls, daß Mainframe-orientierte FIS-Architekturen nur einen kleinen Anteil (14%) an der Gesamtzahl der von ihnen untersuchten FIS-Projekte haben.

Es soll einerseits eine detaillierte Analyse vorgenommen werden, andererseits sollen die gewonnenen Erkenntnisse auf wenige Kriterien verdichtet werden.

Die Ergebnisse der Arbeit sollen mit einer Datenbank verwaltet und präsentiert werden. Eine Version auf Diskette soll beigelegt werden.

Auch soll ein Ausblick auf wünschenswerte Weiterentwicklungen und zusätzliche Funktionen gegeben werden.

Die zu lösenden Problembereiche dieser Arbeit ergeben sich damit wie folgt:

1) Aufarbeitung der Literatur im komplizierten, weil schlecht strukturierten und in der Literatur uneinheitlich dargestellten Management-Umfeld und Entwicklung eines Testkriterienrahmens,

2) Einarbeitung in die Betriebssysteme Windows und DOS,

3) Entwicklung einer Auswertungsdatenbank und

4) Einarbeitung in und Test von vier FIS-Entwicklungsumgebungen.

1.2 Vorgehensweise

Die Arbeit besteht aus einem theoretischen (Kapitel 1-3) und einem praktischen Teil (Kapitel 4).

Auf die **Einleitung** über die Thematik der Führungsinformationssysteme, ihre Entwicklung und Einordnung folgt ein Marktüberblick. Hierzu werden der aktuelle ISIS-Report sowie frühere Studien und Marktübersichten herangezogen (vgl. [BROD88], [DAVi89], [FRIE93], [GRON93], [KOLL93], [MILL89], [NN93], [NN87], [NN90], [NN89], [NN93A], [NOMI94], [RIEG90], [WAGN92], [WATT94]).

Anhand von einschlägiger Literatur zu den Themen Software-Bewertung, Ergonomie, Führungsinformationssysteme und Managementwissenschaft werden nachfolgend **Kriterien zum Vergleich** der FIS erarbeitet.

Aus den von den Herstellern zur Verfügung gestellten Versionen ihrer Produkte werden einige FIS ausgewählt, die bestimmten **Grundanforderungen** genügenden. Daneben sind Software-technologie und Zukunftsaussichten, Support des Herstellers und seine Marktstellung für die Auswahl relevant, da diese Merkmale darüber entscheiden, ob die Weiterentwicklung des FIS in der Zukunft gesichert ist und eine Investition damit lohnend erscheint.

Es folgt die Auswahl einer Datenbank und die Entwicklung einer flexiblen Datenbankanwendung zur Auswertung der Untersuchungsergebnisse.

Zur Absicherung der durch den Test ermittelten Ergebnisse soll den Herstellern jeweils ein Ausdruck der Testergebnisse ihrer Produkte zur Stellungnahme zugesandt werden.

2 Betriebliche Informationssysteme

2.1 Abgrenzung

2.1.1 Klassifikation

Unter Klassifikation ist eine „Einteilung in Klassen" zu verstehen ([NN71], S. 137; [NN88a], Sp. 2829; [NN90a], S. 50f). Eine Klasse ist eine „Gruppe mit gemeinsamen Merkmalen" ([NN93], keine Seitenangabe, da in elektronischer Form vorliegend). In der Logik bezeichnet sie eine „[...] durch gemeinsame Eigenschaften verbundene Gruppe von Gegenständen" ([NN71], S. 137). In der Mathematik wird eine Klasse folgendermaßen definiert: „Unterteilt man eine Menge irgendwelcher Dinge (Elemente) derart, daß ein Element immer nur zu genau einer Teilmenge gehört, so heißt jede solche Teilmenge eine Klasse." ([NN71], S. 137).

Demnach lassen sich folgende Bedingungen für das Vorliegen einer Klasse festhalten:

1. Die Eigenschaften müssen eine eindeutige Zuordnung zu einer Klasse ermöglichen.

2. Mehrere Merkmale sind für die Klassenbildung verantwortlich.

In der Praxis ist aufgrund unscharfer Wahrnehmungen von Merkmalen eine eindeutige Einteilung nicht immer möglich. Daher sind beide Forderungen nur als Ergänzungen zum Thema Klassifikation zu verstehen.

Als Zweck der Klassifikation wird die Verbesserung der Übersichtlichkeit verstanden (vgl. [NN90a], S. 50f).

2.1.2 Begriffe im FIS-Umfeld

Die Begriffe im Umfeld von FIS sind nach wie vor nicht klar abzugrenzen, unterliegen sie doch in diesem wachstums- und gewinnträchtigen, aber auch von großen Rückschlägen gekennzeichneten Betätigungsfeld in besonderem Maße den Veränderungen und Umbildungen durch die sich Anbieter und Forscher voneinander abzugrenzen suchen.

So wurden im Laufe der ca. 30-jährigen Forschung und Entwicklung im Bereich der Informationssysteme (IS) für Führungskräfte folgende Begriffe verwendet: Führungs-Informations-System (FIS), Management-Informations-System (MIS), Management-Support-System (MSS), Management-Unterstützungs-System (MUS), Entscheidungsunterstützungssystem (EUS), (Group) Decision Support System ((G)DSS), Data Support Systems (wie oben DSS), Executive Information System (EIS), Executive Support System (ESS), Chefinformationssystem (CIS).

Die Bezeichnung MIS tritt wegen der negativen Erfahrungen der Vergangenheit (hierauf wird in

4

Abschnitt 2.1.5.1 noch eingegangen) hinter dem Gebrauch der anderen Bezeichnungen zurück, auch wenn die damaligen Ziele mit denen einer heutigen FIS-Entwicklung vieles gemein haben. Außerdem steht MIS im anglo-amerikanischen Raum für das, was bei uns Wirtschaftsinformatik genannt wird (vgl. z. B. [MCLE90], S. ix), Führungsinformationssysteme hingegen werden Executive Information Systems genannt. Gegen die Verwendung des Begriffs MIS spricht weiter, daß damit häufig Anwendungen gemeint werden, die eher operativen Charakter haben (vgl. historische Entwicklung, „elektronisches Berichtswesen") oder aber nur einen Teil der Aufgaben eines FIS erfüllen. Auch führt STAHLKNECHT aus, der Begriff werde in der betrieblichen Praxis völlig uneinheitlich verwendet (vgl. [STAH89], S. 365).

In ihrer Vielfalt können die obigen Begriffe keine sinnvolle Einteilung heutiger FIS widerspiegeln. Vielmehr ist eine übersichtliche Darstellung vorzuziehen, die nach bestimmten Kriterien verfeinert werden kann. Als Oberbegriff mag der im nächsten Abschnitt erläuterte Begriff der *Informationssysteme* dienen.

2.1.3 Informationssysteme

Informationssysteme werden bei PICOT definiert als:

> „[...] ein aufeinander abgestimmtes Arrangement von personellen, organisatorischen und technischen Elementen [...], das dazu dient, Handlungsträger mit *zweckorientiertem* Wissen für die Aufgabenerfüllung zu versorgen. Beim computergestützten Informationssystem (CIS) werden Teilaktivitäten eines Informationssystems in Form eines Mensch-Maschine-Systems realisiert." ([PICO92], Sp. 923).

THOME versteht unter einem Informationssystem ganz allgemein eine

> „[...] Einrichtung von Hard- und Software zur Speicherung und Wiedergewinnung von Informationen." ([THOM90], S. A 2-18).

Informationen, die ja als zweckgerichtetes Wissen verstanden werden können (vgl. z. B. [WITT80], Sp. 894, [NN88A], Sp. 2538), können Elementardaten oder aber verdichtete, mit betriebswirtschaftlichen Methoden (z. B. Was-Wäre-Wenn-Fragestellungen) bearbeitete Daten sein. Abb. 1 stellt den Informationsgewinn durch Auswahl und Bearbeitung von Elementardaten dar. Für Führungskräfte ergibt sich erst durch den Vorgang der Verarbeitung von Elementardaten ein Informationsnutzen, Elementardaten sind für sie vielfach keine oder nur unzureichende Informationen, da ihnen die Ausrichtung auf das spezifische, betriebswirtschaftliche Problem fehlt. Der Terminus „Informationssystem" ist also nicht als

Datenabfragesystem zu verstehen, wie dies manche Autoren tun (vgl. [KOLL93], S. 127).

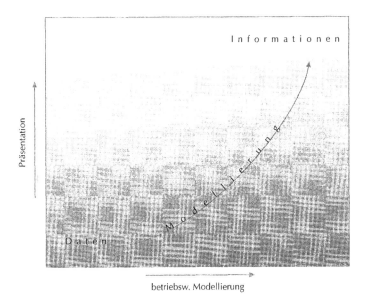

betriebsw. Modellierung

Abb. 1: Informationsgewinn durch zweckgerichtete Auswahl und Verarbeitung

Obige Informationssystem-Definitionen stellen die Versorgung mit zweckorientiertem Wissen in den Vordergrund, so daß *Transaktionsabwicklungssysteme (TPS)*, die diesem Zweck zumindest nicht primär dienen, von den Informationssystemen abgegrenzt werden. Dennoch nehmen TPS auch immer Aufgaben eines IS wahr. So benutzt ein Sachbearbeiter, der sich aufgrund einer Kundennachfrage über den Stand einer Bestellung informieren will, das Warenwirtschaftssystem als Informationssystem. Im folgenden jedoch werden TPS (bzw. Elementardatenverarbeitungssysteme (Elementary Data Processing, EDP), Basisdatenverarbeitungssysteme (BDV)) nicht zu den Informationssystemen gerechnet.

Betriebliche Datenverarbeitungssysteme können demnach hinsichtlich ihrer *Informationsorientierung* in *Basisdatenverarbeitungssysteme* und *Informationssysteme* eingeteilt werden.

Die *Informationssysteme* lassen sich weiter anhand des Kriteriums der Datenverdichtung bzw. der unterstützten Hierarchieebene gliedern in *Operative Informationssysteme* und *Führungsinformationssysteme i. w. S.* (vgl. auch [KOLL93], S. 32-35, 127). Zwei große Arten von *Führungsinformationssystemen i. w. S.* sind heute nach den Kriterien der Betonung von *Analysemöglichkeiten* und der *Ausrichtung auf den Benutzer* unterscheidbar, nämlich die Gruppe der

Entscheidungsunterstützungssysteme (in ähnlicher Bedeutung werden z. B. DSS und GDSS gebraucht) und der *FIS i. e. S.* (in ähnlicher Bedeutung wird verwendet MIS, EIS, ESS, MSS, CIS). Eine Übersicht über betriebliche Datenverarbeitungssysteme gibt Abb. 2. Die Zusammenfassung von *FIS i. e. S.* und *EUS* zu *FIS i. w. S.* deutet bereits an, daß beide Arten im Begriff sind, in den nächsten Jahren miteinander zu verschmelzen. Im Teil 3 soll die Bezeichnung FIS i. w. S. (kurz FIS) dazu verwendet werden, eine neue, zeitgemäße Definition von FIS abzuleiten.

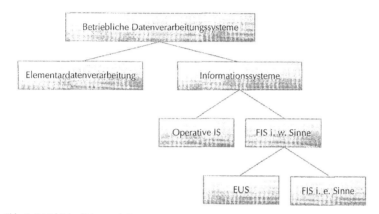

Abb. 2: *Betriebliche Datenverarbeitungssysteme*

Operative Informationssysteme sind dadurch gekennzeichnet, daß Informationen der operativen Ebene (Basisdaten) abgefragt werden. Eine Aggregation erfolgt nur in geringem Maße. Mit diesen Systemen können Aufgaben der Lagerbestandsführung, Finanzbuchhaltung, Produktionsplanung etc. erfüllt werden.

Entscheidungsunterstützungssysteme sind dazu gedacht, mit Hilfe von Modellen und Methoden Entscheidungsunterstützung zu bieten (Modellorientierung). Dabei ist die Ausrichtung nach wie vor meist auf einzelne Funktionsbereiche wie Vertrieb, Finanzen u. a. beschränkt (vgl. hierzu Abb. 4 weiter unten: Einbettung von Informationssystemen in die Unternehmensorganisation). Vor allen Dingen hierdurch wird die oben beschriebene betriebswirtschaftliche Informationsgewinnung möglich. *EUS* greifen wie die *OIS* auf Daten der EDP zu. Die operativen Daten werden nicht verändert; es können aber die im DSS erzeugten Daten, z.B. die Aggregationen und Sichten gespeichert werden.

KRALLMANN und RIEGER teilen EUS nach den *verwendeten Methoden* in konventionelle und wissensbasierte EUS, aus *Sicht des Entscheidungsprozesses* in EUS zur Problemanalyse, zur Lösungsfindung und zur Kontrolle ein. Weiter werden DSS anhand ihrer Entwicklerwerkzeuge

7

unterschieden in Tabellenkalkulationen, Statistik-Pakete, Simulationsprogramme, Planungssprachen, Expertensystem-Shells u. a. m. (vgl. [KRAL87], S. 30-35).

Führungsinformationssysteme i. e. S. orientieren sich in erster Linie am Endbenutzer, der **Präsentation** der Daten sowie an einer einfachen Benutzeroberfläche. Charakteristisches Merkmal
von FIS ist daher die Benutzer- oder Präsentationsorientierung.

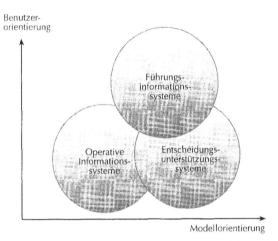

Abb. 3: Informationssystemklassen nach Benutzer- und Modellorientierung (vgl. [KOLL93], S. 35)

In Abbildung 3 sind die betrieblichen Informationssysteme nach Benutzer- und Modellorientierung eingeteilt.

Von Führungsinformationssystemen sollte man erst sprechen, wenn Kriterien erfüllt werden,
die durch die besondere Arbeit von Führungskräften bestimmt sind. Dazu gehört die oben er-
wähnte Benutzerfreundlichkeit, außerdem die Darstellung von Plan-/Ist-Abweichungen
(Ausnahmeberichtswesen) sowie das Bewegen auf unterschiedlichen Datenverdichtungsebe-
nen über die Funktionen *Drill Up* und *Drill Down*. Außerdem sollten sich FIS der persönlichen
Arbeitsweise von Managern anpassen lassen, die Verwaltung von persönlichen Daten (PIM)
erlauben sowie die Integration von Standardanwendungen und Diensten ermöglichen. Auf
diese und weitere Anforderungen wird jedoch im Hauptteil der Arbeit noch einzugehen sein.

Tab. 1: *Kennzeichen von Informationssystemen*

IS →↓ Kennzeichen	OIS	EUS	FIS
Planungshorizont	kurz	→	lang
Integration von Std.-Anwendungen	meist nicht nötig	→	sinnvoll
grafische Aufbereitung	nein	→	ja
Veränderung von Basisdaten	nein	nein	nein
Umfang der Informationsbereitstellung	interne Daten	Beschränkung häufig auf funktionale Bereiche, interne Daten	interne und externe Daten
Entscheidungsunterstützung	Daten/Informationen	Modellierung	Informationen, FIS-Spezialfunktionen
Groupware sinnvoll	ja	ja	ja
Datenänderung durch grafische Manipulation	nein	nein	sinnvoll
Datenverdichtung	kaum	→	stark
PIM, Integration von Bürofunktionen	nein	nein	sinnvoll
Kooperationspartner der Benutzer	wenige	einige, feste	viele, unterschiedliche
Zielgruppe	Sachbearbeiter	Management, Stäbe	höheres Management
Betonung von	Effizienz	→	Effektivität
Effektivität vs. Effizienz	„Do things right"		„Do the right things"
Strukturierungsgrad der Probleme/Aufgaben	hoch	→	gering

Die Einordnung der betrieblichen Informationssysteme ist in Abb. 4 dargestellt. Es steigt die Datenverdichtung mit zunehmender Höhe in der Informationspyramide. Ein weiterer Aspekt ist die zunehmende Verschmelzung funktionaler Unternehmensbereiche. Während bei den OIS und EUS eine Konzentration auf funktionale Teilbereiche zu erkennen ist, so schwindet diese tendenziell in Richtung der FIS.

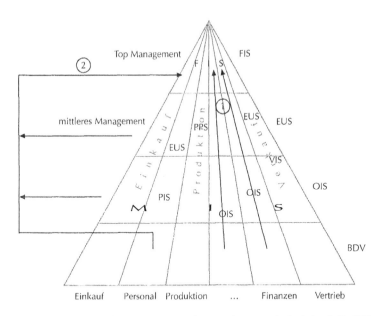

Top Management   FIS

mittleres Management   EUS   EUS

Einkauf   Produktion

PPS   EUS

EUS   VIS

PIS   OIS   OIS

OIS

BDV

Einkauf   Personal   Produktion   ...   Finanzen   Vertrieb

Abb. 4: Einbettung von Informationssystemen in die Unternehmensorganisation (vgl. z. B. [AL-A92], [MCLE90], S. 452, [Pico92], Sp. 933 und [RECH94], S. 27)

In Abb. 4 ist dargestellt, auf welche Weise FIS ermöglichen, daß sich Führungskräfte ohne Umweg direkt über operative Vorgänge informieren können. Die mit ① und ② bezeichneten Pfeile symbolisieren dabei den Informationsfluß. Daß diese Umgehung der üblichen Linienstrukturen einen tiefgreifenden Eingriff in die Ablauforganisation bedeutet, ist offensichtlich.

Informationssysteme bestehen nach SCHEER aus drei Komponenten: einer Daten-, Modell- und Methodenbank, wobei letztere häufig nicht getrennt vorliegen (vgl. [SCHE90A], S. 9). Sie werden in Abschnitt 2.2.2 im einzelnen vorgestellt.

2.1.4 Führungsinformationssysteme

KIRSCH und KLEIN finden drei Ebenen von Informationssystemen, nämlich *Transaktionsdatensysteme, Berichts- und Kontrollsysteme* sowie *Planungs- und Entscheidungssysteme* ([KIRS77B], S. 24). Der Autor schließt sich dieser Einteilung in soweit an, daß er letzere als als heutige FIS verstehen möchte.

Im Gegensatz zu der Auffassung, daß FIS Basisinformationslieferanten seien (ohne Modellierung mit betriebswirtschaftlichen Methoden; eher im Sinne von frühen MIS, die mit heutigen Mitteln realisiert werden konnten, d. h. vor allem benutzerfreundlich sind) (vgl. z. B. [KOLL93], S.

18) und DSS der Modellbildung dienten, ist vielmehr zu fordern, daß FIS beides in sich vereinen.

Zur Abgrenzung entwickelte sich der Begriff *Executive Support System (ESS)*, welches die Unterstützung, die ein DSS liefern soll, auf der Ebene des (Top-)Managements liefern soll. Viele Autoren begnügen sich damit, für ein ESS „Data Support" und „Decision Support" zu fordern, SCOTT MORTON faßt die Bezeichnungen ESS, Data Support Systems und Decision Support Systems unter dem Oberbegriff Management Support System zusammen (vgl. [KRAL86], S. 310). KRALLMANN und RIEGER hingegen halten Data Support und Decision Support für zwingende Bestandteile eines ESS, räumen letzterem also eine besondere Rolle ein (vgl. [KRAL86], S. 315-317, vgl. Abb. 5). In der Regel ist eine Einschränkung auf die obersten Management-Ebenen vorhanden.

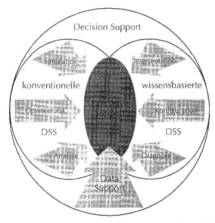

Abb. 5 Executive Support im Zentrum von Data- und Decision Support ([KRAL86], S. 316)

In dieser Arbeit soll keine Trennlinie zwischen FIS und ESS gezogen werden. Auch soll die Unterscheidung zwischen EUS und FIS im engeren Sinne aufgegeben werden. Vielmehr sollen nach der Erarbeitung von Anforderungen an FIS (Abschnitt 3) im Abschnitt 3.3 alle möglichen und auch sinnvollen Bestandteile eines FIS im weiteren Sinne (im folgenden nur FIS genannt) erläutert werden.

2.1.5 Historische Entwicklung

Die Begriffswelt der Führungsinformationssysteme ist seit ihrer Entstehung in den späten sechziger Jahren nach wie vor uneinheitlich. Die wohl wichtigsten Begriffe im deutschen Sprachgebrauch nämlich *Management-Informationssysteme* (MIS), *Entscheidungsunter-*

11

stützungssysteme (EUS) (engl. Decision-Support-Systems (DSS)) und *Führungsinformationssysteme* (FIS) (engl. Executive Information Systems (EIS)) sind vor allem durch die **Umstände** ihrer Entstehung wie verfügbare Rechnertechnik, Stand der BWL und Ziele der Entwickler geprägt. Es lassen sich im wesentlichen drei Entwicklungsstufen erkennen, MIS, EUS, FIS, die nachfolgend beschrieben werden. Einen Überblick über das Umfeld der Entwicklung von FIS gibt Abb. 6.

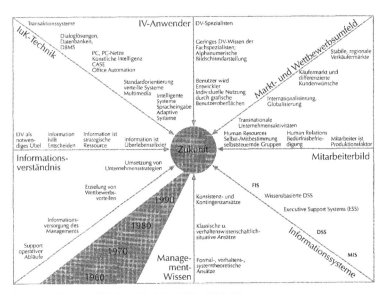

Abb. 6: Entwicklung von FIS in ihrem Umfeld (vgl. [KOLL93], S. 25)

2.1.5.1 Management-Informationssysteme (MIS)

Schon in den sechziger und siebziger Jahren entstand das Ziel, die Unternehmensleitung im Sinne eines integrierten Konzeptes mit **Informationen** zu versorgen. Die Entwicklung der frühen Management-Informationssysteme (MIS) wurde primär durch technische Probleme geprägt. Es sollte ein Zugang zu allen im Unternehmen verfügbaren Daten geschaffen werden. Ohne leistungsfähige Datenbanken, flexible Entwicklungsumgebungen und benutzerfreundliche Oberflächen war dies jedoch ein schwieriges Unterfangen.

Bei KIRSCH und KLEIN (vgl. [KIRS77C], s. 22f) finden sich Anforderungen an ein MIS, die auch an ein heutiges FIS (welche in Abschnitt 3.3 näher erläutert werden) gestellt werden:

1) Umfang der Objektbereiche wie Produktion, Einkauf, Personal, etc.: Ein MIS soll einen großen Umfang haben, d. h. im Idealfall alle Objektbereiche abdecken.

12

2) hierarchische Reichweite: Ein MIS soll Benutzer höherer und höchster Hierarchieebenen unterstützen.

3) informationstechnologisches Niveau: ein On-Line-Dialog soll möglich, eine Modell- bzw. Methodenbasis soll vorhanden sein.

4) Grad der Integration der Teilsysteme: Ein MIS soll eine hohe Integration der partiellen In-formationssysteme aufweisen.

Lediglich das Kriterium des informationstechnologischen Niveaus zeigt durch die Bedingung, On-Line-Dialog müsse möglich sein, daß neuere Informationstechnologien offenbar noch un-bekannt waren. Damit ist der Anspruch, der sich im Kriterium Nr. 2 zeigt, übertrieben hoch, eine Benutzerfreundlichkeit, wie sie heutigen grafischen Benutzeroberflächen eigen ist, war noch nicht vorstellbar.

Scheitern der MIS

Aufgrund der Schwierigkeit, dem Anspruch eines derart umfassenden Systems gerecht zu werden, aufgrund fehlender Akzeptanz bei den Benutzern und wegen technischer Unzuläng-lichkeiten (u. a. Fehlen von leistungsfähigen Datenbanksystemen und grafischen Benutzer-oberflächen) sowie fehlender Flexibilität der Systeme (großer Aufwand der Anpassung an Än-derungen der betrieblichen Organisationsstruktur) setzten sich MIS nicht auf breiter Basis durch (vgl. z. B. [STAH89], S. 365f). So bezeichnete ACKOFF bereits 1967 die frühen Manage-ment-Informationsysteme als „misinformation systems" (vgl. [ACKO74]). Er erkannte, daß die Informationsbereitstellung nicht ausreiche, vielmehr müßten aus der Fülle von Informationen die jeweils für die Aufgabenstellung relevanten herausgefiltert werden. Eine Filterung, Verdich-tung sowie Aufbereitung der Informationen sei notwendig. Ähnlich sehen GORRY und SCOTT MORTON das Problem: sie unterscheiden drei Bereiche des Informationsbedarfs nach Aufga-benarten, und zwar operationale Entscheidungen, Führungsentscheidungen und die strategi-sche Planung (vgl. Abschnitt 3.2.1.1.1) und kommen zu dem Schluß, daß vielfach der Fehler gemacht wurde, Manager höchster Management-Ebenen mit der Masse der für die operationa-len Entscheidungen erforderlichen Daten zu versorgen, anstatt sich über die unterschiedlichen Informationsbedürfnisse zur Erledigung der drei Aufgaben klar zu werden (vgl. [GORR74], S. 354f).

PICOT und FRANCK sehen folgende Gründe für das Scheitern der MIS: Überschätzung der damaligen technischen Möglichkeiten, Unterschätzung der hohen Entwicklungskosten und unrealistische Vorstellungen über das Verhalten von Menschen als potentiellen Benutzern über das Funktionieren von Organisationen und über den Ablauf von Entscheidungsprozessen, welche im allgemeinen auch *kollektive* Problemlösungsprozesse einschließen (vgl. [KIRS77B], zit. nach [PICO92], Sp. 931).

HOCH sieht weitere Gründe für das Scheitern der MIS in zu hohen Erwartungen der Top-Manager an das MIS sowie in unklaren, veränderlichen Anforderungen an MIS, in veralteten Informationen und wenig benutzerfreundlichen Oberflächen (vgl. [HOCH92], S. 117).

Nach MINTZBERG entsprach die Informationsversorgung oft nicht den gestellten Anforderungen: „Während der Manager auslösende, spekulative, aktuelle Informationen sucht, liefert das formale System in der Regel verdichtete, präzise, historische Informationen." ([MINT72], zit. nach [WIET92], S. 49). Er stellte damit die Konzeption der MIS überhaupt in Frage.

Ein weiterer wesentlicher Grund für das Scheitern der MIS war ihre mangelnde Benutzerfreundlichkeit. Manager verbringen nur ca. 22% ihrer Zeit mit Schreibtischtätigkeiten, wobei das Telefonieren den größten Anteil ausmacht (vgl. [MINT73], zit. nach [MCLE90], S. 456; [MINT91], S. 26). So bleibt für das Erlernen von Computerfertigkeiten kaum Zeit, vor allem wegen der Unregelmäßigkeit der Schreibtischarbeit. Manager bleiben ihrem Schreibtisch oft lang z. B. wegen Reisen fern, so daß sie leicht wieder vergessen, was sie mühsam erlernt haben. Die Bedienung der MIS übernahmen daher oft Stäbe und Assistenten. Sie lieferten oft lange Computerausdrucke in monatlichen, manchmal auch wöchentlichen Abständen. Auch wenn die Manager auf diese Art keine Probleme bei der Benutzung ihrer MIS hatten, so mußten sie sich doch durch die Informationsflut auf den Ausdrucken plagen, anstatt verdichtete, modellierte Informationen zu bekommen. Dies rührt daher, daß Manager – wenn sie ihren Informationsbedarf im voraus bestimmen müssen – und dies ist bei der Benutzung der MIS durch Assistenten der Fall – alle Informationen verlangen werden, die sie bekommen können. Assistenten werden im Zweifel über die Relevanz von Informationen eher mehr als weniger Berichte liefern. Außerdem waren die Daten durch den Umweg über die Assistenten zu wenig aktuell. Auslösende, spekulative und aktuelle Informationen konnten den Managern hierdurch nicht präsentiert werden ([MINT72], zit. nach [WIET92], S. 49).

Eine Verarbeitung in betriebswirtschaftlichen Modellen und eine grafische Aufbereitung der Informationen fehlte; letztere wurden lediglich bereitgestellt (Informationsorientierung). Als Berichtsgeneratoren die Datenbanken abfragen leben MIS auch heute noch weiter. Sie wurden oben unter dem Begriff *Operative Informationssysteme* erläutert.

2.1.5.2 Entscheidungsunterstützungssysteme (EUS)

Nach dem Scheitern der MIS-Idee konzentrierten sich die Softwareentwickler ab etwa 1975 auf kleinere Aufgaben, die es mit Hilfe der dann entwickelten **Entscheidungsunterstützungssyste-**

me (EUS) (auch Decision Support Systems (DSS), ein Begriff, der von GORRY und SCOTT MORTON geprägt wurde (vgl. [GORR71], zit. nach [HICH92], S. 2)) zu lösen galt. Bei ihnen steht die Informations*verarbeitung* im Vordergrund. Die Systeme sind zumeist für das mittlere Management konzipiert, was vor allem in der für das obere Management nicht ausreichenden Benutzerfreundlichkeit der Systeme seinen Ursprung hat. Das in den 80er Jahren von der MIT Sloan School of Management durchgeführte „User needs survey research Project" bewies, daß Manager flexible Ad-hoc-Abfragen und Analysen zur Befriedigung ihres Informationsbedarfs benötigen (vgl. [KOLL93], S. 27), also das, was DSS leisten sollten. Was blieb, war die umständliche Bedienung der Planungssprachen, zu denen sich später Tabellenkalkulationsprogramme und Systeme der künstlichen Intelligenz (KI) hinzugesellten. Entscheidungsunterstützungssysteme konzentrieren sich meist auf funktionale Teilbereiche der Aufgaben, eignen sich also zur Bearbeitung bestimmter Problemtypen, auf die sie jeweils zugeschnitten sind. Dies ist vor allem bei Expertensystemen der Fall.

Auch diese Gruppe von Software ist – wie schon bei den MIS bemerkt – heute noch anzutreffen.

2.1.5.3 Führungsinformationssysteme (FIS)

Seit ca. 1985 werden **Executive Information Systems** (EIS) oder **Führungsinformationssysteme** (FIS) entwickelt, die mit erstmals wirklich benutzerfreundlicher, grafischer Oberflächen das Problem der umständlichen Bedienung ausräumen sollten. Die Zielgruppe von FIS sind Führungskräfte der obersten Management-Ebene.

Die zu lösenden Probleme werden vor allem im sozialen und betriebswirtschaftlichen, weniger im technischen Bereich gesehen (siehe hierzu auch Tab. 2, vgl. [HICH92A], S. 106). Auch ist die Analyse der Informationsbedürfnisse eine wichtige Aufgabe, die für die erfolgreiche Einführung eines Führungsinformationssystems ausschlaggebend sein kann. Statt alle verfügbaren Daten den FIS-Benutzern zur Verfügung zu stellen, sollen Manager ausgewählte, verdichtete, d. h. aufbereitete Informationen bekommen. Es ist jedoch prinzipiell möglich, auf alle operativen Daten zuzugreifen, falls dies erforderlich sein sollte. Wie in den sechziger und siebziger Jahren, wird auf diese Weise ein integrativer Charakter angestrebt, und – im Gegensatz zu MIS und EUS – auch erreicht. Trotzdem soll üblicherweise nicht ein rundherum zufriedenstellendes MIS konzipiert werden, vielmehr werden zunächst kleinere FIS entwickelt, welche Teilprobleme lösen können, aber flexibel genug sind, um in weiteren Entwicklungsschritten ausgebaut zu werden. Der hierfür verwendete Entwicklungsansatz ist der des *Prototyping*. Weiterhin sollen FIS in heterogene Hardware- und Software-Umgebungen eingebunden werden. Deshalb ist die

Einhaltung von Standards sowie der Datenaustausch mit Standard-Applikationen ein wichtiges Merkmal. Ein weiterer Aspekt des Integrationsgedankens ist die Verwendung derselben firmenübergreifenden Datenbasis von der operativen Datenverarbeitung bis zu den FIS. Die Daten können häufig mit Hilfe des Abfragestandards SQL direkt und dynamisch (vom FIS aus) aus internen sowie über die Datenfernübertragung (DFÜ) aus externen Datenquellen abgerufen werden. Das FIS greift auf operative Firmendaten nur in lesender Weise zu.

Weiterhin ist für ein FIS kennzeichnend, daß die Einschränkung auf funktionale Teilbereiche der Aufgaben im Unternehmen, wie sie bei DSS anzutreffen waren, aufgegeben wird. FIS-Entwicklungswerkzeuge beschränken sich ebensowenig auf einzelne Branchen.

Tab. 2: Kennzeichen und Rahmenbedingungen der historischen Entwicklung von Informationssystemen für Führungskräfte

historische FIS → ↓ Kennz./R.-Bed.	MIS	EUS	FIS
Zeitpunkt der Einführung	ab ca. 1965	ab ca. 1975	ab ca. 1985
Problemlösungs-Philosophie	technisches Problem	(Optimierungsrechnung) mittels mathematischer Methoden	betriebswirtschaftlich /psychologisch
IV-Technik	Dialogverarbeitung, erste Datenbanksysteme	Planungssprachen, Abfragesprachen, Tabellenkalkulationsprogramme	grafische Benutzeroberfläche und Aufbereitung; Existenz von Standards wie SQL, Client/Server; Replikation
Datenversorgung	alle Unternehmensdaten verfügbar, breit angelegte Berichte	Konzentration auf die Modellierung bestimmter Probleme und der dafür notwendigen Daten	Datenfilter, Aggregation, Basisdaten mittels Drill Down verfügbar, externe Daten; dynamische „Datenanbindung"
Ziele	integrierte 100%-Lösung	Teillösung Entscheidungsunterstützung mittels analytischer Modelle	integrierte Lösung; 80%ige Erreichung ist besser als kein FIS; Anpassungsfähigkeit ist wichtig
Orientierung an	Daten, Informationen	Modellierung, Entscheidung	Präsentation **und** Modellierung/Inform.

Tabelle 2 zeigt die drei historischen Strömungen der Computerunterstützung von Führungskräften im Überblick.

Nachdem in der Vergangenheit häufig Individualsoftware-FIS entwickelt wurden, ist festzustellen, daß sich inzwischen am Markt eine Reihe von Standard-Entwicklungsumgebungen etabliert haben. Die endgültigen FIS-Anwendungen bleiben dennoch Individualentwicklungen, jedoch zeichnet auch hier sich ein Trend zur Standardisierung ab.

2.2 Konzepte zur Informationsversorgung und Entscheidungsunterstützung

2.2.1 Elektronisches Berichtswesen

Das Berichtswesen ist die älteste Anwendung von Führungsinformationssystemen. Hierbei werden den Führungskräften starre Berichte zur Verfügung gestellt – analog zum Papierberichtswesen. Werden in Berichten Soll- und Ist-Zahlen miteinander verglichen, so können die Abweichungen in Abhängigkeit von ihrem Ausmaß (Überschreitung von Grenzwerten) und ihrer Richtung (negativ oder positiv) farbig dargestellt werden.

Das Berichtswesen erfordert eine genaue Informationsbedarfsanalyse, damit die für die Benutzer relevanten Informationen dargestellt werden können. Dies kann zum Beispiel mit der Methode der *kritischen Erfolgsfaktoren* (KEF) geschehen. Hierauf wird in Teil 3.2.1.1.1 noch eingegangen werden.

2.2.2 Betriebswirtschaftliche Modellbildung

Die Modellbildung ermöglicht die Betrachtung der Unternehmensaktivitäten aus unterschiedlichen Blickwinkeln. Hierbei wird ein System von Modellvariablen kreiert, welches die Unternehmensdaten der Basisdatenverarbeitung (BDV) in mehreren *Dimensionen* verarbeiten kann. Hierzu gehören die Zeit, betriebswirtschaftliche Größen (wie Deckungsbeitrag, Umsatz, etc.), Unternehmensbereiche, Produkte und Produktgruppen, Plan-/Ist-Zahlen, Währungen u. a. m. Jeder Zahlenwert wird durch die Kombination mehrerer *Elemente* unterschiedlicher Dimensionen genau spezifiziert. Der Vorteil eines multidimensionalen Modells im Gegensatz zu einer Tabellenkalkulation besteht vor allem in der Möglichkeit, den Blickwinkel auf die Daten auf einfache Art zu verändern. Hatte man zunächst eine Tabelle, in der man die betriebswirtschaftlichen Größen (Umsatz, Deckungsbeitrag, Kosten, Mengen) eines Geschäftsbereiches über die Monate vergleichen konnte, so kann man nach einer einfachen *slice and dice*-Operation (Drehen des Datenwürfels, Austausch der darzustellenden Dimensionen) die Größe Umsatz über alle Geschäftsbereiche und Monate miteinander vergleichen. In einer Tabellenkalkulation würde sich der gleiche Vorgang unter der Voraussetzung konsistenter Datenbestände nur über ein komplexes System von

Zellverweisen realisieren lassen. Dort müßte man die benötigten Daten aus unterschiedlichen Tabellenbereichen zusammenstellen – ein mühsames Unterfangen, das durch die zentrale Datenverwaltung von Modellen vermieden werden kann. Der Zugriff wird weiter vereinfacht durch die Verwendung der Dimensionselemente-Bezeichnungen in der Verweis-Syntax.

Aggregationen der Werte über hierarchische Ebenen werden durchgeführt, indem Dimensionen über Formeln konsolidiert werden. Beispielsweise wird der Umsatz eines Produktes in den einzelnen Verkaufsgebieten ausgerechnet und anschließend aufsummiert. So erhält man den Gesamtumsatz des Produkts.

Unterschiede zwischen einer Unternehmensdatenbank und einem Modell sind in folgenden Punkten zu sehen:

1. Die Unternehmensdaten stellen nur die Grundlage der Modellbildung dar. Durch Konsolidierung werden Daten verdichtet. Daten aus heterogenen Datenquellen können verwendet werden. Die Modellierung erfüllt damit eine Integrationsfunktion.

2. Über die Modellierung wird ein einfacher Informationszugriff möglich.

3. Es besteht keine Abhängigkeit von einer ständigen On-Line-Verbindung, diese ist nur zum Zwecke der Aktualisierung der Daten notwendig. Dadurch wird eine Benutzung auf Notebooks möglich.

4. Das Modell ist nicht auf Vergangenheitswerte beschränkt. Zukünftige Werte können selbst eingegeben oder mit Hilfe geeigneter statistischer Methoden extrapoliert werden.

5. Beziehungen zwischen Modellvariablen werden mit Hilfe von Formeln definiert.

6. Über Analysemethoden können Daten verändert, Simulationen durchgeführt und weitere Informationen gewonnen werden.

7. Durch die vom Modell „geplante" Vorverdichtung werden die Daten einfacher und schneller zur Verfügung gestellt, als dies bei komplizierten Abfragen an die Unternehmensdatenbank möglich wäre. Die Auswahl der Daten erfolgt über einfache Mausaktionen wie das Verschieben der Dimensionsbezeichnungen und die Auswahl von Elementen aus den Dimensionsmenüs.

Unterschiede zwischen betriebswirtschaftlichen Modellen und Tabellenkalkulationen sind in folgenden Punkten zu sehen:

1. Der Informationszugriff erfolgt über die Modellelemente-Bezeichnungen anstatt über Feldreferenzen. Ermöglicht wird dies durch die zentrale Verwaltung der Modelldaten.

2. Die Darstellung erfolgt stärker geordnet, d. h. sie ist stärker reglementiert als in den flexibleren Tabellenkalkulationen, wo Daten und Formeln beliebig „verteilt" werden dürfen.

Die Modellbildung könnte sich theoretisch auf die Abbildung sämtlicher, auch der kleinsten Unternehmensprozesse erstrecken. Dies würde eine komplette Übernahme der Unternehmensdaten bedeuten, was aufgrund der ungeheuren Kapazitätsanforderungen an das FIS eine meist unlösbare Aufgabe darstellt. Immerhin kann das Modellierungswerkzeug *eSSBase,* das von der Comshare GmbH vertrieben wird, Modelle verarbeiten, die bis zu 1 GB groß sind. Es stellt damit jedoch wohl eine Ausnahme unter den Modellierungswerkzeugen dar.

In der Regel werden in Modellen nur *Teile* der betriebswirtschaftlichen Abhängigkeiten in einem Unternehmen dargestellt. Dadurch können zwar Ad-hoc-Abfragen an das Modell gerichtet werden, diese sind jedoch nur in einem Teilbereich des Unternehmensdatenmodells möglich.

Eine **Modellbank** ist in der Regel notwendig, um die unterschiedlichen Teilmodelle zu verwalten beziehungsweise um festgelegte Sichten auf die Modelle zu speichern. Auch findet sie Verwendung, um bestimmte Kombinationen von Modellsichten mit Methoden zu speichern.

Eine vollkommene Informationsversorgung wird erst durch die Bearbeitung von Daten mit Hilfe geeigneter betriebswirtschaftlicher Methoden möglich. Hierzu gehören Analyse-, Planungs-, Vergleichs-, statistische und finanzmathematische Methoden (vgl. [CURT89], [HIAM92]; [SCHN92]; [NN84]; [SCHI90]; [LAUX91]). In einer **Methodenbank** werden diese Methoden gespeichert.

2.2.2.1 Modellsichten

Abhängig von der Hierarchieebene sollten sich unterschiedliche Zugänge zu oder Sichten auf die Daten eröffnen. In Abb. 7 sind für die vier Dimensionen betriebswirtschaftliche Kenngröße (hier der Umsatz), Geschäftsbereich, Produkte und Zeit die adäquaten Sichten der Bereichs-, Finanz- und Produktmanager dargestellt. Für sie ist nur jeweils eine Scheibe aus dem Datenwürfel relevant, wohingegen der Vorstand alle Bereiche, Produkte und Zeiten überblicken soll. Natürlich wird er dies selten gleichzeitig tun. Zur Problemlösung oder Informationsversorgung wird er vielmehr ebenfalls nur eine Scheibe aus dem Würfel betrachten.

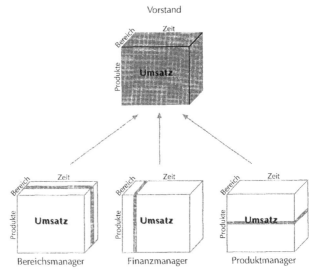

Vorstand

Bereichsmanager   Finanzmanager   Produktmanager

Abb. 7: Unterschiedliche Sichten auf die Unternehmensdaten (vgl. [BULL92], S. 12)

Für eine erfolgreiche FIS-Einführung könnte es zweckmäßig sein, wenn FIS entsprechend den Aufgaben des jeweiligen Benutzers nur die Dimensionen des Merkmalswürfels freigeben würden, die gerade relevant sind. Damit würde eine Informationsrationierung (vgl. Tab. 5) und damit eine hohe Produktivität erreicht.

2.2.2.2 On-Line Analytical Processing

Für die betriebswirtschaftliche Modellbildung müssen Softwareprodukte bestimmten Anforderungen genügen. CODD hat 12 Regeln festgelegt, denen ein *On-Line Analytical Processing* (OLAP)-Informationssystem genügen muß. CODDS Regeln werden nur kurz vorgestellt, für eine Diskussion sei auf das Paper von CODD verwiesen (vgl. [CODD94], S. 13f):

1.   Multidimensionales konzeptuelles Schema.

2.   Transparenz.

3.   Freier Zugriff auf heterogene Datenbestände.

4.   Gleichmäßige Berichtsleistung. (Mit zunehmender Dimensionszahl sollte die Berichtsleistung nicht leiden.)

5.   Client/Server-Architektur.

6.   Gleichberechtigte Dimensionen.

7.   Variable Speicherungsmethoden.

8.   Mehrbenutzer-Unterstützung.

9.   Unbeschränkte Berechnungen zwischen den Dimensionen.

10.   Intuitive Datenmanipulation.

11.   Flexible Berichte.

12.   Beliebig viele Dimensionen und Aggregations-Ebenen. (CODD verlangt mindestens fünf-
        zehn, besser zwanzig Dimensionen.)

Er formuliert außerdem vier Modelltypen (vgl. [CODD94], S. 10f):

- ein statisches Modell, welches direkt auf die Unternehmensdatenbank aufbaut; es entspricht in vielem dem elektronischen Berichtswesen,

- ein nachforschend-hierarchisches Modell, das reflektiert, wie es zu den aktuellen Daten
  kam,

- ein konsolidierend-hierarchisches Modell, mit dem beispielsweise What-If-Analysen
  durchgeführt werden können, und

- ein analytisches Modell, welches für How-To-Achieve-Fragestellungen geeignet ist, die
  eine zunehmende Benutzerinteraktion erfordern.

2.3 Arten

FIS (i. w. S.) werden in der Literatur hinsichtlich *Grad der Strukturiertheit* (EUS –> FIS), *Kommu-
nikationsart* (Berichts-, Auskunfts-, Abfrage- und Dialogsysteme), *Grad der Entscheidungs-
vernetzung* (Personal, Group und Organizational Support Systems), *Datentechnik, Unterstüt-
zungsart* (Data Support, Decision Support und EIS) u. a. unterschieden (für eine Zusammenfassung der in der Literatur verwendeten Einteilungskriterien vgl. [KLEI92], S. 4, s. auch [KRAL86]).

Nach KLEINHANS ET AL. (vgl. [KLEI92], S. 5f) ergibt sich eine Einteilung nach

–   Unterstützung einer Problemlösungsphase: Planung, Entscheidung, Durchsetzung,
        Kontrolle,

–   Anwendergruppe: Einzelperson, Abteilung, Projektgruppe, etc.,

–   rechnertechnisch,

–   datentechnisch,

–   organisationstechnisch und

–   organisatorisch-funktional: Einkauf, Produktion, Vertrieb (s. Abb. 4).

Von den obigen sechs Kriterien erscheinen das der Problemlösungsphase, das der Anwendergruppe und das der organisatorisch-funktionalen Einteilung am ehesten geeignet, eine betriebswirtschaftlich orientierte Analyse zu ermöglichen. Eine Einteilung nach Anwendergruppe führt im wesentlichen zu der oben erläuterten Gliederung in OIS, EUS und FIS i. e. S. Die organisatorisch-funktionale Einteilung ist vor allem im Bereich der EUS angebracht. FIS hingegen unterliegen definitionsgemäß keiner funktionalen Abgrenzung. Die Unterscheidung nach dem Kriterium der Problemlösungsphase kann erst nach der Erörterung des Entscheidungsprozesses erfolgen. Sie wird deshalb erst in Abschnitt 3.2.1.1.3 durchgeführt.

Eine Einteilung könnte außerdem nach vormodellierter Endbenutzertauglichkeit (Standardisierung) sowie nach dem Umfang der Problemlösungskompetenz erfolgen. Hier wurde bereits über die Unterscheidung in OIS und FIS eine Einteilung vorgenommen, die in Abschnitt 4.6.3 vertieft wird.

2.3.1 Entwicklungswerkzeuge und Endbenutzer-Anwendungen

Tab. 3: Einteilung von Informationssystemen nach Planungshorizont und Endbenutzereignung

IS → ↓ Endbenutzereignung	OIS	EUS	FIS
Entwicklungsumgebung	Datenbank-Abfrage-Generatoren, Report-Generatoren	Tabellenkalkulationen, Planungssprachen, mehrdim. Modellgeneratoren	FIS-Entwicklungsumgebungen mit Oberflächengeneratoren
Endbenutzer-IS	Systeme zum Aufruf vorbereiteter Reports	PPS-Systeme, Tabellenkalk.-Modelle	FIS-Anwendungen, vorstrukturierte FIS

Wird die Einteilung in OIS, EUS und FIS beibehalten, so bietet es sich geradezu an, in einer zweiten Dimension zwischen Entwicklungstools und Endbenutzersystemen (d. h. nach der Eignung für die Benutzung durch Manager) zu unterscheiden. Als Entwicklungstools sind alle Werkzeuge zu verstehen, die es ermöglichen, Endbenutzer-Informationssysteme zu erstellen. Hierzu gehören Programmiersprachen, außerdem Tabellenkalkulationen, Planungs- und Abfragesprachen zusammen mit Werkzeugen, die das Erstellen von Benutzeroberflächen ermöglichen.

2.3.2 Standardisierungsgrad und Gestaltungsmöglichkeiten

Hinsichtlich des Kriteriums Standardisierung/Spezialisierung lassen sich drei Gruppen von Führungsinformationssystemen unterscheiden, nämlich Standardsoftware, Individualsoftware und ein Zwitter, nämlich FIS-Entwicklungsumgebungen, die die Entwicklung von Individualsoftware-FIS ermöglichen (vgl. hierzu [SAUB94], S. 44). Bei letzteren kann es sich auch um Software handeln, die speziell für die Entwicklung von FIS gedacht ist oder solche, die nicht nur für die FIS-Entwicklung gedacht ist (Tabellenkalkulation, Datenbank o. ä.). Ein Beispiel für eine FIS-Entwicklung mit einer Standard-Datenbank ist das Produkt CAMADIS der Firma ASCI GmbH. Es wurde mit der Datenbank FoxPro 2.5 der Firma Microsoft GmbH entwickelt.

Weiter läßt sich einteilen nach dem Umfang der Gestaltungsmöglichkeiten, mit denen eine fertige FIS-Anwendung ausgestattet werden kann. Hierunter kann auch der Umfang der möglichen Adaption eines Standard-FIS an die Aufgabenunterstützung in einem Unternehmen verstanden werden oder die Flexibilität, mit der nachträgliche Änderungen durchgeführt werden können. In Abschnitt 4.6.1 wird dies am praktischen Beispiel der hier getesteten FIS erläutert.

2.3.3 Integrationsgrad

KOLL und NIEMEIER teilen FIS nach ihrem Integrationsgrad ein. Als Subkriterien ergeben sich *Kommunikationsintegration, Datenintegration* und *Anwendungsintegration* (vgl. [KOLL93], S. 119f). Faßt man die ersten beiden Subkriterien zusammen, so ergeben sich die Kriterien Datenintegration und Anwendungsintegration. Unter ersterer können drei Stufen unterschieden werden, und zwar: Dateiaustausch mittels Disketten, Dateiaustausch mittels Netzwerk und Datenanbindung über eine direkte Datenabfragesprache.

Die **Anwendungsintegration** könnte als eine weitere Stufe der Datenintegration verstanden werden: Daten unterschiedlichen Programm-Ursprungs werden programmübergreifend integriert, die Programme wachsen also zusammen. Eine einheitliche Benutzeroberfläche besteht derzeit jedoch nicht, der Programmwechsel ist bei Aktualisierung von eingebundenen Daten zu spüren, außerdem müssen die Daten in unterschiedlichen Applikationen bearbeitet werden (so zum Beispiel bei OLE 1.0 unter MS-Windows und *Abonnieren und Herausgeben* unter dem Macintosh-OS).

Das in der Entwicklung befindliche OpenDoc-Konzept der Firma Apple Computer will nun diesen Schritt, d. h. das Verschmelzen von Datenintegration und Anwendungsintegration vollziehen. Hierbei stehen die zu bearbeitenden Daten im Vordergrund, nicht die Programme, die das Bearbeiten von Daten ermöglichen. Aus einer Programmfunktionenbibliothek (einer Software-Bibliothek) stellt man sich die für bestimmte Aufgaben (das impliziert bestimmte Datentypen) benötigten Programmfunktionen zusammen. Das Ergebnis ist eine einheitliche Oberfläche, unter der die Daten bearbeitet werden können. So holt sich der Anwender, wenn er Textverarbeitungsfunktionen benötigt, einfach das entsprechende Textverarbeitungs-Objekt. Möchte er Textblöcke verknüpfen, einen Index oder ein Inhaltsverzeichnis anlegen, so muß er nur auf die entsprechenden Bausteine zurückgreifen. Außerdem sieht das Konzept vor, daß die bearbeiteten Daten plattformunabhängig (hardware- und betriebssystemunabhängig) sind.

Das OLE-Konzept der Firma Microsoft stellt gleichfalls einen Ansatz zur Anwendungsintegration dar; es ermöglicht in der Version 2.0 die Bearbeitung von verknüpften Dokumenten im „Wirt-Dokument", ohne daß die Anwendung gewechselt wird, lediglich die Menüleiste ändert sich in die Menüleiste des Quellprogrammes (vgl. [NN94a]).

2.4 Marktüberblick

In der Praxis besteht über das, was unter Führungsinformationen zu verstehen ist, Uneinigkeit. Während 1991 von der KIENBAUM UNTERNEHMENSBERATUNG GMBH 20 FIS-Werkzeuge identifiziert werden konnten, so waren es 1993 „über 300", wie KOLL und NIEMEIER meinen (vgl. [KIEN91], zit. nach [KEMP93], S. 19; [KOLL93], S. 6). In der vorliegenden Arbeit wurden etwa 70 Produkte gefunden, die zur Gruppe des FIS-Entwicklungswerkzeuge gerechnet werden könnten. Eine Überprüfung fand jedoch nur bei den 4 Produkten statt, die getestet wurden (vgl. Teil 4). Eine Liste der Produkte findet sich in Anhang 7.2.

3 Anforderungen an Führungsinformationssysteme

Zunächst werden die theoretischen Konzepte der Akzeptanz und der Wirtschaftlichkeit (bzw. Kosten-/Nutzenvergleiche) vorgestellt. Es wird deutlich werden, daß Akzeptanz sich mit Wirtschaftlichkeitsüberlegungen stark überlagert. Aufgrund dieser Konzepte lassen sich Anforderungen für konkrete, ebenfalls vorzustellende, am FIS-Projekt beteiligte Personengruppen ableiten. Außerdem werden Aufgaben-, Manager- und Unternehmenstypen aufgezeigt, mit denen sich Teilbereiche der Akzeptanz- und der Wirtschaftlichkeitsproblematik weiter spezifizieren lassen. Aus allen Anforderungen wiederum läßt sich eine Liste der zu testenden Merkmale der Produkte ableiten, wobei Merkmalsklassen und -gruppen gebildet werden, die sich überlappen können, so daß ein multidimensionaler Merkmalswürfel entsteht. Zusätzlich werden Testmerkmale anhand von empirischen Untersuchungen entwickelt.

Ganz eng mit der Funktionalität und der Oberfläche von FIS sind die Merkmale der **Betriebssysteme** verbunden. Das Betriebssystem bietet die Voraussetzungen für die Anwendungsintegration (Kommunikation zwischen Anwendungen über Scripting), für Standard- (Bibliotheken, Suchfunktionen, etc.) und Zusatzfunktionen (Spracheingabe, Rechtschreibkorrektur, etc.). Es bietet sich geradezu an, beide zusammen zu untersuchen. Dies würde jedoch den Umfang der vorliegenden Arbeit sprengen. Betriebssystemfunktionen werden daher nur in geringem Maße in den Merkmalen auftauchen.

3.1 Allgemeine theoretische Konzepte zur Anforderungsermittlung an FIS

3.1.1 Wirtschaftlichkeit

Wirtschaftlichkeit ist ein Ausdruck dafür, inwieweit eine Tätigkeit dem ökonomischen Prinzip (Wirtschaftlichkeitsprinzip) folgt. Dieses bezeichnet den Grundsatz, ein bestimmtes Ziel mit einem minimalen Einsatz an Mitteln zu erreichen (Minimalprinzip) oder mit einem bestimmten Mitteleinsatz einen maximalen Erfolg zu erzielen (Maximalprinzip). Durch die monetäre Bewertung von Mitteleinsatz und Erfolg ergibt sich ein Vergleichsmaßstab (Rechenmittelfunktion des Geldes). Es kann zwischen *absoluter* und *relativer Wirtschaftlichkeit* unterschieden werden (vgl. z. B. [NN88A], Band 2, Sp. 2732f).

Während der Mitteleinsatz (hier: die Kosten eines FIS-Projekts) eine monetäre Bewertung zuläßt, ist die Bewertung des Erfolgs im Falle der FIS jedoch außerordentlich schwierig, weil dieser zum Teil erst in vielen kleinen Verbesserungen über lange Zeit zu Tage tritt (vgl. z. B. [THOM90], S. L 3). So tritt an die Stelle der nicht ermittelbaren Leistung der Nutzen. Es ergibt sich also eine kombinierte Kosten/Nutzen-Gegenüberstellung (vgl. Abb. 8).

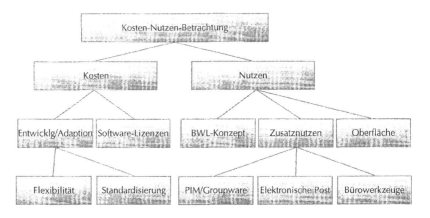

Abb. 8: Kosten, Nutzen und ihre Hauptbestimmungsgrößen

Bezüglich des FIS-Einsatzes lassen sich demnach folgende zwei Ansätze unterscheiden:

1. Der allgemeine Nutzen von FIS-Anwendungen im Vergleich zu herkömmlichen Papierberichten (absolute Wirtschaftlichkeit) und

2. Nutzenvergleich zwischen FIS-Produkten (relative Wirtschaftlichkeit).

Unternehmen, die die Einführung eines FIS planen, haben in Punkt 1 bereits einen Nutzengewinn durch FIS erkannt, der größer als der einer alternativen Mittelverwendung ist, und müssen nun entsprechend Punkt 2 prüfen, welche der FIS-Entwicklungsumgebungen für das daraus entstehende FIS den größten Nutzen verspricht. Die ist z. B. auch dann der Fall, wenn das FIS-Projekt nur aus Prestigegründen durchgeführt wird. Der Nutzen aus dem erwarteten Prestige wird höher eingeschätzt als bei einer alternativen Mittelverwendung.

Auch bei der relativen Wirtschaftlichkeit ist jedoch im Grunde eine absolute Wirtschaftlichkeit stets zu gewährleisten. Dies geschieht zum Beispiel bei der Kapitalwertmethode durch die Bedingung, daß der Kapitalwert größer Null sein muß. Es reicht also nicht aus, daß der Kapitalwert einer Investition größer als der der anderen Investitionen ist. Die Überprüfung des absoluten Nutzens gestaltet sich außerordentlich schwierig, da der entstehende Nutzen nicht gemessen werden kann. Lediglich die Akzeptanz (vgl. Abschnitt 3.1.2) stellt eine subjektive Bewertung des Nutzens dar, der aus FIS gezogen werden kann. Zwischen beiden besteht also eine Wechselwirkung.

Da diese Arbeit helfen soll, den Auswahlprozeß zu vereinfachen, konzentriert sie sich auf die *relative* Nutzenbetrachtung. Tatsächlich sollten aber bei der relativen und der absoluten Nutzenbetrachtung die gleichen Kriterien getestet werden.

Isolierte Betrachtung des Nutzens eines FIS für einen Manager

Eine einfache Darstellung des Kosten-Nutzen-Problems zeigt Abb. 9. Die Qualität eines FIS ist wertlos ohne die Befähigung der Benutzer, ihren Management-Aufgaben gerecht zu werden, was durch die multiplikative Verknüpfung beider Größen ausgedrückt wird. Bei den Kosten zeigt sich immer wieder, daß die Betriebskosten, zu denen auch die Wartung gehört, den größten Teil der Kosten ausmachen. Dies stützt die These, daß das Kosten-Nutzen-Verhältnis pro Benutzer mit der Gesamtnutzerzahl dramatisch sinkt (vgl. Abschnitt 3.1.3).

ZANGL zählt eine Reihe möglicher Kosten auf: Personalkosten, kalkulatorische Abschreibung oder Miete, kalkulatorische Zinsen für das gebundene Kapital, Wartungskosten, Adaptionskosten, Dienstleistungskosten, Einführungs- und Ausfallkosten, Material- und Betriebsmittelkosten, sonstige Unternehmensgemeinkosten (durch das Projekt verursacht) (vgl. [ZANG90], S. 100).

$$FIS - Nutzen = FIS - Qualität \cdot Manager - Qualität$$
$$FIS - Kosten = Einführungskosten + Betriebskosten$$

Abb. 9: Überblick über Einflußgrößen der Kosten-Nutzen-Analyse von FIS (vgl. [HICH92A], S. 112)

3.1.2 Akzeptanz

Unter Akzeptanz kann die Bereitschaft verstanden werden, „einen Sachverhalt billigend hinzunehmen" ([NN88A], Band 1, Sp. 141; vgl. auch [MÜLL90], S. 143-147; [MÜLL86], s. 18ff). Im Software-Engineering versteht man darunter die „Bereitschaft der Endbenutzer, ein Softwareprodukt anzunehmen und für die eigene Tätigkeit einzusetzen" ([NN88A], Band 1, Sp. 141). Die Akzeptanz ist also die *subjektive* Bewertung eines Sachverhalts.

Anhand des Konzepts der Akzeptanz lassen sich lediglich Anforderungen von Managern ableiten. Die Interessen anderer, später noch vorzustellender Gruppen, bleiben unberücksichtigt.

Das Ausmaß der Verwendung von Computern als Arbeitshilfsmittel hängt von dem Verhältnis von Vorteilen und Nachteilen ab. Der Benutzung stehen verschiedene Dinge entgegen: Preis, schwere Bedienbarkeit, räumliche und zeitliche Gründe etc., die hier *Barrieren* zur Benutzung von Computern genannt werden sollen. Auf der anderen Seite stehen die *Vorteile* aus der Benutzung, also qualitative *Nutzen* und quantitative *Kostenersparnisse* oder *Erträge*.

3.1.2.1 Barrieren

Wird die Betrachtung auf das Ausmaß der Akzeptanz von Computeranwendungen eingeschränkt, so stellt die Barriere das Maß dar, mit dem Benutzer den zusätzlichen Aufwand, nämlich

a)   die Benutzung der Software zu erlernen, und

b)   den Aufwand, der sich während der Arbeit mit dem System durch kompliziertere Ar-
     beitsweisen ergibt,

bewerten.

Vergleichsmaßstab ist dabei jeweils diejenigen Vorgehensweise, die schon früher erlernt wurde
und daher in größerem Maße „in Fleisch und Blut" übergegangen ist bzw. eine solche, die an-
geborenen Fähigkeiten näher kommt.

So mag es für einen Menschen sehr einfach sein, nach etwas zu greifen. Bietet sich aufgrund
der Aufgabe diese Möglichkeit nicht an, so ist wohl die Sprache die nächste Möglichkeit, ein
Problem zu lösen. Später in dieser Kette ist die Handschrift zu nennen, die Benutzung eines
Computers, selbst mit grafischer Benutzeroberfläche (GUI), kommt sicherlich recht spät. Sehr
schwierig ist es für Menschen im allgemeinen, komplizierte Geräte zu reparieren oder komplizierte Werkzeuge zu bedienen, die z. B. eine Feinmotorik erfordern, die er erst mühsam erlernen
muß.

3.1.2.2 Nutzen

Für die Bereitschaft, Akzeptanzschranken (Barrieren) zu überwinden, sind die Anreize hierfür
entscheidend. Sie sind die Summe der Nutzen, die bei der Benutzung einer Computeran-
wendung im Vergleich zu ihrer Nicht-Anwendung entstehen. Ist der zu erwartende Nutzen gering, so bestehen geringe Anreize, die Barriere, die von der Benutzung abhält, zu überwinden.
Ist die Barriere hoch, so muß die Funktionalität der Computer-Anwendung ebenfalls hoch sein,
damit die Benutzer sich dazu entschließen, den Computer einzusetzen.

Es ist z. B. bisher noch nicht gelungen, die Akzeptanz von Terminplanungs-Software wesentlich
zu steigern. Nach wie vor greifen viele Computerbenutzer lieber auf Papierkalender zurück.
Obwohl die Barrieren die gleichen wie bei anderen Computeranwendungen sind, wird Termin-
verwaltungs-Software nicht akzeptiert. Die Ursache ist vermutlich, daß die Funktionalität der
üblichen Terminplaner dem Papier-Pendant nicht wesentlich überlegen ist, der Nutzen also die
Nachteile nicht überwiegt. Eine Verwendung erfordert sogar eine Reihe von Kompromissen:

1.   Der Computer ist nicht ständig (räumlich) verfügbar. Auch Notebooks sind schwerer als

Terminkalender.

2. Vom Einschalten des Computers bis zur Betriebsbereitschaft vergeht zuviel Zeit. Note-books können diese Zeit jedoch durch Aufrechterhalten des im RAM Gespeicherten (der sogenannte *Ruhezustand*) fast auf Null verkürzen, es bleibt nur noch das Aufklappen, auf eine Taste Drücken und eine sehr kurze Wartezeit auf Betriebsbereitschaft.

3. Die Benutzung des Computers ist komplizierter als die eines Terminkalenders.

Erst wenn diese Barrieren niedriger werden, wird es gelingen, den Computer für die Terminplanung zu etablieren. Eine weitere Möglichkeit besteht natürlich darin, die Funktionalität von Software für Terminplanung zu erweitern, z. B. durch Gruppenfunktionen oder durch Integration in ein PIM und/oder ein FIS.

Ähnlich verhält es sich mit Führungsinformationssystemen. Um eine möglichst hohe Akzeptanz zu erreichen, sollten erstens die Barrieren der Benutzung abgebaut werden (d. h. die Benutzung der Software und der Computer vereinfacht werden) sowie zweitens die Funktionalität verbessert werden. Hier kommt es vor allem auf die Qualität der betriebswirtschaftlichen Modellierung sowie auf die zusätzlichen Nutzen, die durch die Integration von PIM und Standardanwendungen, Anpassung an persönliche Bedürfnisse u. a. gestiftet werden (vgl. [THOM90, H 14.1]). Hiervon wird in Abschnitt 3.2.1.1.4 noch die Rede sein.

Weiter werden häufig folgende Vorteile von FIS genannt:

– qualitative Faktoren (strategische Vorteile): einheitliche Datenbasis, bessere Informationsqualität, Erhöhung der Entscheidungssicherheit, Wirkungen auf das Mitarbeiterengagement, CI-gerechte Aufbereitung der Unternehmensdaten (vgl. [VOGE93], S. 26); FIS sind Mittel zur Implementierung einer veränderten Führungskultur (vgl. [KOLL93], S. 20); FIS haben infrastrukturbildenden Charakter (vgl. z. B. [KOLL93], S. 17, 21).

– quantitative Faktoren (operative Vorteile): Zeitersparnis (Erstellung von Berichten sowie Durchlaufzeit von Vorgängen (Kontrolle u. a.)), geringerer Papieraufwand, Personal-Einsparung bei der Informationsaufbereitung, Einsparungen Wirtschaftsprüfung (Wirtschaftsprüfer können die Stichproben direkt über das FIS machen, was einen erheblichen Zeitgewinn darstellt) (vgl. [VOGE93], S. 26); bei gleichbleibendem Aufwand werden im Vergleich zur Arbeit ohne FIS weitere Modelle gezeigt, z. B. flexible Plankostenrechnung, Prozeßkostenrechnung, Management-Erfolgsrechnung (vgl. [KOLL93], S. 22).

3.1.3 Zusammenhang zwischen Akzeptanz und Wirtschaftlichkeit

Im Abschnitt 3.1.2 wurde gezeigt, daß die Akzeptanz ein Maß für den Nutzen darstellt, den ein

FIS erzeugt. Es existiert jedoch noch ein weiterer Zusammenhang zwischen beiden: Die Akzeptanz beeinflußt die Zahl der Benutzer eines FIS.

Wie entscheidend die Akzeptanz für die Wirtschaftlichkeit ist, macht Abb. 10 deutlich. Durch eine breite Akzeptanz wird es möglich, daß viele Nutzer das System verwenden, so daß der Gesamtnutzen sich erhöht. Bei den Kosten ist lediglich eine Erhöhung der nutzervariablen Kosten zu verzeichnen, etwa für die Installation und Pflege der Nutzer-Arbeitsplätze oder die Berücksichtigung weiterer Nutzerwünsche und vor allem durch Software-Lizenzgebühren. Die Fixkosten der Erstellung eines FIS verteilen sich auf die Anzahl der Nutzer. Die Relation Nutzen-Aufwand wird sich also mit zunehmender Nutzerzahl deutlich erhöhen.

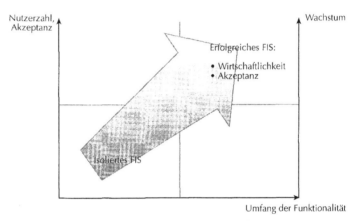

Abb. 10: Erfolgsfaktor Akzeptanz und seine Potentiale (vgl. auch [FRIN 90], S. 28)

Beispielhaft gibt Abb. 11 den Verlauf der Kosten- bzw. der Aufwandsfunktion pro Nutzer wieder. Mit der Zahl der Nutzer steigt der Gesamtnutzen des Systems. Weiter ist zu berücksichtigen, daß Nutzeffekte auch dadurch entstehen, daß durch die Verwendung gemeinsamer Arbeitsmittel und Methoden Nutzeffekte durch verbesserte Zusammenarbeit (Nutzung von Groupware-Funktionen) und weniger Verständigungsprobleme bzw. Bewertungsprobleme bei der Beurteilung von Sachverhalten entstehen, da alle Beteiligten die gleiche Informationsgrundlage verwenden. Dies würde für eine überproportionale Steigerung des Nutzens (*Synergieeffekte*) sprechen, so wie es die Kurve U_3 nahelegt. Alternativ dazu könnte es auch zu einer proportionalen oder unterproportionalen Veränderung des Gesamtnutzens mit der Nutzerzahl kommen. Bei einem sporadischen Anwender kann der Nutzen fast bis auf Null fallen.

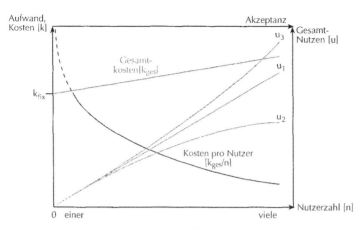

Abb. 11: Kostenverlauf in Abhängigkeit von der Benutzerzahl

Die Grafik zeigt, daß auch ohne Benutzer oder bei einem sporadischen Benutzer (d. h., die Benutzerzahl zwischen Null und Eins bewegt) Kosten anfallen, falls das Projekt bereits läuft. Ohne Benutzer sind die Kosten unendlich hoch, während sie bei den ersten Benutzern kräftig, später immer moderater fallen (abnehmende Grenzkosten).

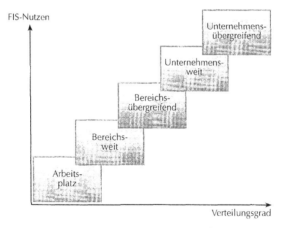

Abb. 12: FIS-Nutzen in Abhängigkeit vom Verteilungsgrad (vgl. [KOLL93], S. 97)

In praktischen Anwendungsfällen könnte versucht werden, konkrete Formeln abzuleiten. Auch ließe sich auf die Akzeptanz schließen, wenn man die Nutzerzahl als Maß hierfür verwendet. Zur Ableitung der Kosten können die Preisangaben der Hersteller verwendet werden. Diese werden in der vorliegenden Arbeit erhoben. Eine Ableitung der Gesamtkostenfunktion wäre zwecklos, da zwar die Lizenzgebühren für die Programmbenutzung und Hardwareausstattung bekannt sind, nicht jedoch die Kosten, die durch die Entwicklung und Pflege des FIS entstehen.

Die Ausbreitung eines FIS kann beim Geschäftsführer beginnen und mit der Integration von Kunden und Zulieferern in Teile des FIS enden. Der Nutzen wächst mit der Ausbreitung, wie dies in Abb. 12 gezeigt wird. Zusammenfassend ergibt sich die Nutzenbewertung von FIS als zweistufiges Problem:

Absolute Kosten. Hierzu zählt eine Vielzahl von Faktoren, die zu einem bedeutenden Teil von der verwendeten Entwicklungsumgebung und dem Grad der Standardisierung abhängen.

Relative Kosten. Das Kosten-Nutzenverhältnis (oder auch Kosten-Nutzerverhältnis) hängt wesentlich von der Benutzerzahl und damit von der Benutzerakzeptanz ab. Wie die Abb. 11 zeigt, kann der Einfluß einer großen Benutzerakzeptanz enorm sein. Hierauf ist demnach das Gewicht bei der FIS-Entwicklung zu legen. Die Benutzerakzeptanz ist von der Ausgestaltung des FIS und der Entwicklungsumgebung abhängig. Die relativen Kosten des Projektes sind zu minimieren.

3.2 Anforderungen der Anwender, Informationsmanager und Entwickler

Tatsächlich haben nicht nur Manager Vorstellungen davon, wie ein FIS aussehen sollte. Auch die Entwickler möchten, daß ihre Arbeit möglichst reibungslos abläuft. Außerdem soll noch ein *Informationsmanager* vorgestellt werden (vgl. [KOLL93], S. 108), der aus einem gewissen Abstand und Weitblick heraus ebenfalls Anforderungen an FIS stellt. Er sei im Unternehmen zuständig für das strategische IV-Management.

Es sollen zunächst nur die direkten Anforderungen der drei Gruppen skizziert werden. Die komplizierten Beziehungen zwischen den Wünschen der Gruppen werden nachfolgend separat im Ansatz dargestellt (s. Abschnitt 3.2.4).

Da von den Anforderungen ausgegangen wird, kann es durchaus sinnvoll sein, Produkteigenschaften zu testen, die kein Produkt hat. Es soll ja durch die Untersuchung klar werden, inwieweit ein Produkt einem bestimmten Anforderungsprofil genügt.

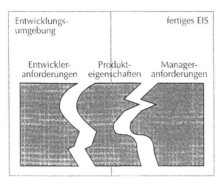

Entwicklungs-
umgebung

fertiges EIS

Entwickler-
anforderungen

Produkt-
eigenschaften

Manager-
anforderungen

Abb. 13: Entwickler- und Benutzeranforderungen an FIS-Entwicklungsumgebungen

Wie Abb. 13 verdeutlicht, setzen die Anforderungen unterschiedlicher am FIS-Projekt beteiligter Gruppen an verschiedenen Seiten der FIS an. Während den Entwickler die Möglichkeiten der Entwicklungsumgebung interessieren, ist der Manager nur am fertigen FIS interessiert. Beide Anforderungen hängen dennoch am gleichen Objekt. Wird eine Anforderung auf der Seite der Entwicklungsumgebung erfüllt, so kann dies nicht ohne Auswirkungen auf der Seite des fertigen FIS bleiben.

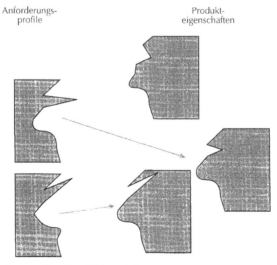

Anforderungs-
profile

Produkt-
eigenschaften

Abb. 14: Anforderungsprofile und Produkteigenschaften

Eine andere Problematik ist in Abb. 14 verdeutlicht. Hier geht es darum, daß unterschiedliche FIS-Produkte zu unterschiedlichen Benutzertypen passen. Ein FIS, das für einen Anwender nahezu ideal ist, kann für einen anderen Anwender nicht optimal sein. Es ist notwendig, spezifiziertes und damit optimales Produkt für die eigenen Bedürfnisse zu finden. Dieser Fragestellung widmet sich die vorliegende Arbeit, indem sie eine Gruppeneinteilung der zu testenden Merkmale zum Ziel hat, wodurch sich jeder Anwender die für ihn relevanten Gruppen mit ihren Bewertungen ansehen und ein Gesamtbewertung errechnen lassen kann.

3.2.1 Anforderungen der FIS-Anwender

Kennzeichnend für die Betrachtung aus Anwendersicht ist – wie gesamt – der *Nutzen*, der durch ein FIS entsteht. *Barrieren* konterkarrieren jedoch dessen Wirkung. Die **Akzeptanz** bleibt als Maß für die funktional-ergonomische Qualität des FIS aus Anwendersicht.

Aus den Aufgaben von Managern läßt sich ableiten, welche Instrumente bei der Erfüllung dieser Aufgaben hilfreich sein können.

Tab. 4: Aufgaben entsprechend den Hierarchieebenen im Unternehmen

	Sachbearbeiter	unteres und mittleres Management	Top-Management
Aufgaben: Entscheidung vs. Ausführung	Ausführung relativ einfacher Tätigkeiten; Entscheidungen des eigenen Aufgabenbereichs	Ausführung und Entscheidung	Betonung auf Entscheidung; Ausführung, soweit Koordinationsaufwand bei Delegation hoch

Manager steuern Unternehmen, indem sie die Rahmenbedingungen für die Abläufe festsetzen. Dazu treffen sie **Entscheidungen**, für die sie Informationen aller Art benötigen. Diese stellen demnach die Grundlage der Managertätigkeit dar. Die Informationsbereitstellung und -aufbereitung (Modellierung, Präsentation) sind das Herzstück der Managerunterstützung. In Tabelle 4 ist die Verteilung zwischen Entscheidungsaufgaben und ausführenden Tätigkeiten auf unterschiedlichen Hierarchieebenen des Unternehmens dargestellt.

3.2.1.1 Theoretische Konzepte zur Anforderungsermittlung

Die Anforderungen der Manager lassen sich unmittelbar aus den Kriteriengruppen ableiten, die im Abschnitt 3.1.2 entwickelt wurden. Einerseits sind die Barrieren der Akzeptanz möglichst niedrig zu halten, andererseits ist die Funktionalität des FIS wichtig, damit verbleibende Hemmnisse zur Benutzung überwunden werden können.

3.2.1.1.1 Informationsbedarf von Managern

GORRY und SCOTT MORTON unterscheiden auf der Basis von ANTHONY'S Trennung unterschiedlicher Managementaufgaben drei verschiedene Informationsbedürfnisse, die in Tabelle 6

34

dargestellt sind (vgl. [ANTH65], zit. nach [GORR74], S. 253; [ANTH65], S. 15).

Tab. 6: Informationsbedarf nach Aufgabenarten (vgl. [GORR74], S. 355)

Aufgabengruppe → ↓ Merkmal	Operationale Ent-scheidungen	Führungsentschei-dungen	Strategische Planung
Quelle	eher intern	→	eher extern
Aktualität der Informa-tionen	sehr aktuell	→	weniger aktuell
Genauigkeit	sehr detailliert	→	weniger detailliert
Umfang	eng begrenzt	→	umfangreich
Zeitbezug	historisch	→	zukünftig
Informationsart	Zahlen	→	Zahlen & Text
Unterstützung durch	Berichtswesen	Modellierung	Zusatzfunktionen, externe Inform.

Sie zeigen die unterschiedlichen Forderungen an die Informationsversorgung von Managern unterschiedlicher Ebenen beziehungsweise unterschiedlicher Aufgaben innerhalb einer Füh-rungshierarchie. GORRY und SCOTT MORTON betonen, daß es notwendig sei, zunächst die Aufgaben zu untersuchen, bevor man sich der Frage nach der Aufgabenunterstützung wid-met. Wie noch zu zeigen sein wird (s. u.), nehmen nämlich auch Top-Manager Fachaufgaben war, so daß sie Hilfsmittel sowohl für die strategische Planung als auch für operative Entschei-dungen benötigen. Während für die operationalen Entscheidungen eher gering verdichtete Da-ten benötigt werden, sind es bei den Führungsentscheidungen Methoden, auf die es ankommt. Es wird außerdem vermutet, daß FIS auch in der Lage wären, strategische Aufgaben zu unter-stützen, wenn sie zusätzlich zu „harter" Zahleninformation auch „weiche", textuelle Informa-tionen speichern und verarbeiten könnten. Gäbe es zum Beispiel die Möglichkeit, Vernet-zungsmatrizen oder Entscheidungstabellen zu benutzen, so könnte die strategische Planung wirkungsvoll unterstützt werden.

Die *strategische Planung* ist wesentlicher Aufgabenbereich der Tätigkeit von Managern. Entsprechend der häufigen Einteilung von Aufgaben nach Veränderlichkeit und Strukturiertheit (vgl. [PICO90C], S. 117) zeichnet sie sich durch hohe Veränderlichkeit und geringe Strukturiertheit aus.

Weiter ist festzustellen, daß die (Entscheidungs-)Aufgaben von Managern häufig wechseln, d. h. einen niedrigen Standardisierungsgrad haben (vgl. hierzu [MINT73], zit. nach [MCLE90],

S. 456). Der Informationsbedarf von Managern ist schwankend, oft erst während der Erledigung einer Aufgabe zu bestimmen (vgl. z. B. [ROSE93], S. 35). Es ergibt sich, daß der Informationsbedarf zur Erfüllung dieser Aufgaben nicht a priori bestimmt werden kann, sich vielmehr erst kurz vor – oft auch erst während – einer Aufgabenerledigung ergibt. Modelle können daher als geeignete Informationslieferanten angesehen werden. Auch wäre es denkbar, Anfragen direkt an die betrieblichen Datenbasen zu stellen. Dazu müßten jedoch die Datenbank-Abfragen erheblich einfacher sein. Starre Berichte hingegen erfordern eine vorherige Definition von kritischen Erfolgsfaktoren, damit in ihnen die richtigen Informationen angeboten werden können. Für spontane Informationsabfragen sind sie nicht geeignet.

Methoden zur Ermittlung des Informationsbedarfes sind (für weitere vgl. [ROSE93], S. 13-18):

1.   Die Analyse des bestehenden Berichtswesens,

2.   die Befragung der Manager und

3.   die Methode der kritischen Erfolgsfaktoren.

Einen Informationsbedarf anhand der bestehenden Informations- und Kommunikationsstrukturen alleine zu ermitteln, erscheint ungeeignet, da ja dann zwar alle bisherigen Informationen über das FIS abgebildet werden, die Möglichkeit, Schwachstellen in der bisherigen Informationsversorgung zu finden, wird jedoch nicht genutzt (vgl. [ROSE93], S. 15).

ACKOFF hält es für falsch, den Informationsbedarf von Führungskräften aufgrund einer Befragung von Managern zu ermitteln. Der Grund ist, daß Manager aus Sicherheitsgründen alle Informationen verlangen, die sie bekommen können, da nicht a priori festgestellt werden kann, welche Informationen zur Lösung einer Aufgabe benötigt werden (vgl. [ACKO74], S. 371f.). Mit dem Wissen, daß entsprechend dem prototypischen Entwicklungskonzept auch später noch flexibel auf auftauchende Informationswünsche reagiert werden kann, kann jedoch bei neueren FIS der Informationsbedarf ohne Probleme mit Hilfe der Manager bestimmt werden (vgl. [ROCK88], S. 204).

Mit Hilfe der Methode der kritischen Erfolgsfaktoren (KEF) können die für den Manager wichtigsten Informationen bestimmt werden. Die Methode hat den Vorteil, daß wichtige von unwichtigen Informationen getrennt werden, so daß der Blick für das Wesentliche geschärft wird. Sie eignet sich auch für die Modellierung, indem in der Modellbank bestimmte KEF-Sichten auf die Datenbestände des Modells gespeichert werden.

Top-Manager nehmen zu ca. 40% Fachaufgaben wahr (vgl. [MÜLL90], S. 75). Deshalb ist für sie eine Entscheidungsunterstützung ebenso wichtig wie die strategische Planung, Methoden zur

Bearbeitung und Analyse von Daten sind deshalb gut geeignete Hilfsmittel für die Unterstützung von Managerarbeit. Auch an dieser Stelle ist deshalb zu fordern, daß betriebswirtschaftliche Methoden in FIS zur Anwendung kommen.

Tab. 5: Informationsbedarf und -konzept entsprechend den Hierarchieebenen im Unternehmen

	Sachbearbeiter	unteres und mittleres Management	Top-Management
Informationszu-teilung	Rationierung	Filterung und Aufbereitung	Nachfrage
Konzept	Effizienzsteigerung durch Beschränkung auf relevante Inform.	aufgabengerechte Informationsversorgung	Vorherbestimmung kaum möglich/sinnvoll

In Tabelle 5 sind unterschiedliche Informationskonzepte für Aufgabenträger verschiedener Hierarchieebenen dargestellt.

3.2.1.1.2 Informationszugriffe auf Modelldaten

Ein weiteres Problem mag die Fülle der angebotenen Tabellen sein. Der Benutzer muß bislang wissen, in welcher Tabelle welche Informationen zu finden sind. Bei Hunderten von Tabellen (bei relationalen Datenbanken *Relationen*) mit Tausenden von Spalten (bei relationalen Datenbanken *Attributen*) mag die Informationssuche zu einem unüberwindlichen Hindernis werden. Es ist daher sinnvoll, die Informationen in hierarchischer Form (vgl. Abb. 17) darzustellen und nicht in der Weise, wie sie in der Datenbank gespeichert sind. Es könnte sich als nützlich erweisen, wenn zunächst nur die für den Benutzer wichtigsten Merkmale dargestellt würden. Bei Bedarf könnte sich der Benutzer auch weniger wichtige Merkmale anzeigen lassen. Eventuell ist auch eine freie Auswahl (in der Abbildung 17 in der zweiten Hierarchieebene am Beispiel der Zeit angedeutet) möglich. In diesem Fall kann nicht auf bereits im Modell konsolidierte Daten zugegriffen werden. Es muß vielmehr auf die Basisdaten zugegriffen werden und die Konsolidierung ausgelöst werden. Durch die Benutzung der Menüs kann die Auswahl eingeschränkt werden. Wird keine Größe gewählt, so wird automatisch die oberste Konsolidierungsstufe gewählt. Im Beispiel der Zeit sind dies alle Perioden seit dem Bestehen der Unternehmung, im Falle der geografischen Bereiche die gesamte Unternehmung. Dies ist jedoch im Falle von Dimensionen, die Definitionscharakter haben, nicht möglich. Wird etwa die Währung der anzuzeigenden Werte nicht explizit angewählt, so kann eine Definitionslücke nur durch Wahl einer Standard-Währung durch das FIS vermieden werden.

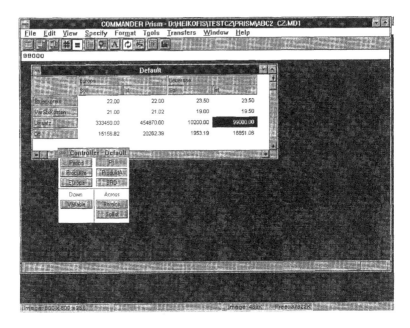

Abb. 15: Auswahlpalette der darzustellenden Dimensionsmitglieder in Commander PRISM

Ob man für die Auswahl ein Menü, hierarchische Dialogboxen oder eine andere Möglichkeit der Auswahl wählt, sei dahingestellt.

Die Auswahl von Informationen geschieht in zwei Etappen. Zuerst werden die darzustellenden Dimensionen ausgewählt. In Abb. 15 ist die Bildschirmdarstellung des Programmes Commander PRISM abgebildet, bei dem die Auswahl über eine Palette geschieht. Es ist zu sehen, daß mehr als zwei Dimensionen in der Tabelle dargestellt sind.

Im zweiten Schritt können die in einer Dimension darzustellenden Merkmale eingeschränkt werden. So kann man die Darstellung auf bestimmte Produkte einer vorher bestimmten Produktgruppe beschränken. In Commander PRISM geschieht dies durch Doppelklicken der betreffenden Dimension. Der darauf folgende Auswahldialog ist in Abb. 16 dargestellt.

3.2.1.1.3 Unterstützung von Entscheidungsprozessen

Der *Entscheidungsprozeß* besteht nach WITTE aus den Phasen Problemidentifizierung, Informationssammlung, Alternativenbildung, Alternativenbewertung und Entscheidung (vgl. [WITT92], Sp. 554). Andere Autoren erkennen weitere Phasen. STAHLKNECHT nennt die Phasen Zielsetzung, Planung, Entscheidung, Realisierung (durch Delegation) und Kontrolle *Management-Zyklus* (vgl. [STAH89], S. 366). PFOHL und BRAUN fügen ebenfalls die Realisation

38

(bestehend aus Anregung (Delegation) und Ausführung) und die Kontrolle dem Entscheidungsprozeß an (vgl. [PFOH81], S. 105). Die Phasen des Entscheidungsprozesses von WITTE, PFOHL und BRAUN sind in Tab. 7 dargestellt.

Tab. 7: Phasen des Entscheidungsprozesses nach WITTE, STAHLKNECHT, SOWIE PFOHL UND BRAUN

P.-Identifiz.	I.-Sammlg.	A.-Bildg.	A.-Bewertg.	Entscheidg.	–	–
Zielsetzung	Planung		Entscheidung		Realisation	Kontrolle
Problem	Suche	Ableitung	Entscheidung		Anreg.	Ausf.	Kontrolle

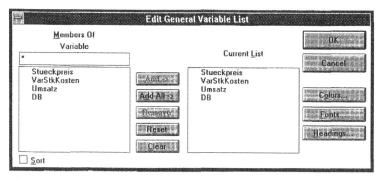

Abb. 16: Auswahl der darzustellenden Dimensionsinhalte in Commander PRISM

Tabelle 8 stellt die Phasen des Entscheidungsprozesses nach WITTE, ergänzt um die Phasen Realisation und Kontrolle der möglichen Unterstützung durch die Daten- und Modellkomponente von Führungsinformationssystemen gegenüber. Es zeigt sich, daß die Modellkomponente eines FIS den Entscheidungsprozeß durchaus unterstützen kann, jedoch ist weitere Unterstützung durch eine Personal Information Management (PIM)-Komponente möglich.

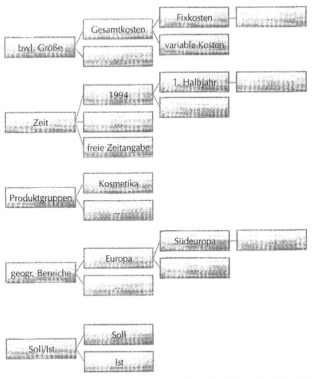

Abb. 17: hierarchisches Auswahlmenü für Informationszugriffe über betriebswirtschaftliche Modelle

GUTENBERG teilt betriebliche Informationsarten in entscheidungsauslösende und nicht entscheidungsauslösende Informationen ein (vgl. [GUTE62], S. 131).

a)   Entscheidungen auslösend

   – Stimulierende Informationen

   – bedingte Entscheidungen auslösend

   – eindeutige Entscheidungen auslösend

b)   keine Entscheidungen auslösend

   – Berichtsinformation

   – Kontrollinformation

Hieraus lassen sich nun unterschiedliche Anforderungen an IS-Systeme ableiten. (Traffic Lightning, Exception Reporting und für Berichts- und Kontrollinformationen)

Tab. 8: *Unterstützung der Phasen des Entscheidungsprozesses durch FIS*

Phase des Entscheidungsprozesses ↓	Unterstützung durch Modellkomponente des FIS	Unterstützung durch andere Einflüsse
Problemidentifizierung	interne Probleme: Abweichungsanalyse, Color Coding, Exception Reporting, Trigger, Frühwarnsystem; Orientierungsinformation	interne und externe Probleme: Gespräche, Intuition, Workshops, etc.; Orientierungsinformation
Informationssammlung	Data Support	Medien, persönliche Inform.
Alternativenbildung	Simulation, Optimierung	Ideen
Alternativenbewertung	Modellbildung, Methodenverwendung	Intuition (bei Unsicherheit, Entscheidungen unter Risiko)
Entscheidung	keine Unterstützung	keine Unterstützung
Realisation	keine Unterstützung	keine Unterstützung
Kontrolle	Data Support, *Exception Reporting*	informelle Information, PIM

Bisher ist die Entscheidungsunterstützung für Führungskräfte nur in Ansätzen realisiert worden. Bestehende Systeme liefern über das Berichtswesen lediglich Basisinformationen und über die Modellierung Entscheidungshilfen für eher kurzfristige Entscheidungen. Strategische Entscheidungen werden jedoch nur unzureichend unterstützt. Methoden der Strategischen Planung sind: Erfahrungskurven-Analyse, Produkt-Lebenszyklus, Lückenanalyse, Analyse des Wettbewerbs, Portfolio-Analyse, Scenario-Technik, PIMS-Programm (vgl. [NN84],S. 706-717).

Holtham findet, daß

„... most UK EIS's fit them well for the 'planning and control' role, but less well for some of the other features, particularly the second one [Verbessern des mentalen Modells des Managers von seiner Firma]." ([HOLT92A], S. 46).

Es ist demnach festzustellen, daß externe und weiche Informationen sowie solche über die Zukunft durch Zugang zu externen Datenbanken, PIM und Verwendung von statistischen Methoden in zukünftige FIS integriert werden sollten.

3.2.1.1.4 Weitere Anforderungen von Managern

Groupware. Wie sich u. a. in einer Studie von MINTZBERG zeigt, haben Manager viel mit unterschiedlichen Partnern im Unternehmen und außerhalb des Unternehmens zu tun. Deshalb ist – zumindest für die interne Zusammenarbeit – eine Unterstützung durch *Groupware* zu fordern. ROCKART und DE LONG erkennen sogar einen klaren Trend von individuellen FIS zu FIS für viele Mitarbeiter [vgl. ROCK88, S. 31]. Dieser Aspekt wird auch bei PICOT und KIRSCH/FRANK deutlich, die die fehlende Rücksichtnahme darauf, daß Entscheidungsprozesse häufig kollektive Prozesse sind, als einen Grund für das Scheitern der frühen MIS sehen (vgl. Abschnitt 2.1.5.1).

PIM und Individualisierbarkeit. Zwischen 60% und 80% der Zeit verbringen Manager nach Untersuchungen mit mündlicher Kommunikation (vgl. [MINT91], S. 26).

„Manager legen scheinbar großen Wert auf 'weiche' Informationen, vor allem Klatsch, Gerüchte und Spekulationen. Warum? Der Grund liegt in ihrer Frühwarn-funktion. Der Klatsch von heute kann morgen Wirklichkeit sein. Der Manager, den das Telefonat nicht erreicht, mit dem er darüber informiert werden sollte, daß sein größter Kunde mit dem Hauptkonkurrenten beim Golfspielen gesehen wurde, liest vielleicht im nächsten Vierteljahresbericht von drastischen Umsatzeinbrüchen. Aber dann ist es zu spät." (vgl. [MINT91], S. 27).

Solange mündliche Kommunikation noch nicht etwa durch das automatische Aufnehmen von Notizen durch den Computer (über Spracherkennung) unterstützt wird, sollten wenigstens andere weiche Informationen verarbeitet werden können. Hierzu gehören Texte in ausführli-cher Form und in Stichworten. Es sollte die Möglichkeit bestehen, Textstellen wie mit einem Textmarker zu markieren und Notizen hinzuzufügen. Persönliches Informations-Management (PIM) kann helfen, Stichworte, Texte und alle für den Manager wichtigen Informationen zu speichern und zu verknüpfen. Ein Manager, der zur rechten Zeit durch sein PIM daran erinnert wird, einen wichtigen Kunden anzurufen, um in einer wichtigen Sache nachzufragen, wird nicht nur durch die automatische Präsentation von Name und Adresse seines Gesprächspart-ners beglückt. Auch die Telefonverbindung könnte durch den Computer hergestellt werden. Alle in der betreffenden Sache relevanten Informationen würden angezeigt werden.

3.2.1.1.5 Individuelle Anforderungen

In diesem Abschnitt werden beispielhaft zwei Konzepte zur Ermittlung und Berücksichtigung von individuellen Anforderungen dargestellt. Im ersten werden Benutzertypen erläutert. Dies scheint angesichts der Ergebnisse der Studie von ZANGER U. A. (vgl. Abschnitt 3.2.1.2.2) ange-bracht. Dort wird festgestellt, daß sich Manager unterschiedlicher Altersgruppen hinsichtlich der Computerbenutzung erheblich unterscheiden. Weiter werden Unternehmenstypen unter-schieden, die unterschiedliche Aspekte eines FIS betonen.

Die vorgestellten Anforderungen zeigen, daß die bezüglich eines FIS für wichtig erachteten Kriterien je nach Sichtweise sehr unterschiedlich sein können. Dabei müssen keinesfalls die hier vorgeschlagenen Anforderungsklassen verwendet werden. Vielmehr ermöglicht die Auswertung per Datenbank dem Benutzer, eigene Benutzertypen zu definieren und diesen Merkmale bzw. Merkmalsklassen als Anforderungen zuzuordnen.

Benutzertypen nach Altersgruppen

Im folgenden werden drei verschiedene Managertypen gebildet, die, so wird vermutet, hauptsächlich aufgrund ihres Alters und damit ihrem Zugang zur IV-Technologie („die mit der IV groß werden oder nicht") unterschiedliche Erwartungen und Wünsche bezüglich der Arbeit mit einem FIS haben. Bei der Wahl der Altersgruppen wurde absichtlich nicht die Gruppeneinteilung von ZANGER U. A. übernommen, da dort die ersten beiden Klassen (unter 30 Jahre und 30-45 Jahre) zu geringe Unterschiede aufweisen und auch für höhere Management-Ebenen zu wenig repräsentativ sind. Heutige FIS werden gar nicht oder kaum im unteren Management eingesetzt. Die im mittleren Management tätigen Manager sind aber in der Regel älter als 35 Jahre. Die Annahmen über die Altersgruppen sind in Tabelle 9 aufgelistet.

a) Junge Manager (ca. 35-45 Jahre alt)

– Sind meist mit Computern aufgewachsen,

– sind bereit, ihren Arbeitsstil anzupassen, so daß die Computernutzung effektiver wird,

– möchten möglichst schnell zu den von ihnen gewünschten Informationen gelangen,

– nutzen das FIS häufig,

– möchten betriebswirtschaftliche Methoden anwenden und

– wollen kleinere Änderungen (z. B. an Masken) selbst vornehmen.

b) Manager mittleren Alters (ca. 45-55 Jahre)

Diese Gruppe ist mit ihren Anforderungen zwischen den jüngeren und den älteren Managern einzuordnen. Manche arbeiten bereits mit Computern, andere hingegen nicht.

c) Ältere Manager (über 55 Jahre alt)

– Sporadische Nutzung der FIS,

– möchten ihren Arbeitsstil nicht an ein FIS anpassen,

– wollen keine Änderungen selbst vornehmen,

– nutzen das FIS primär für Berichtsinformation und

– haben Hemmungen, die Computerarbeit zu erlernen.

Tab. 9: Anforderungen entsprechend Manager-Altersgruppen

Alter → ↓ Anforderungen	junge Manager	Manager mittl. Alters	ältere Manager
Oberfläche	schnell zum Ziel	→	sehr einfach
kleinere Änderungen	z. T. selbst durchführen	→	nicht selbst durchführen
Analysen	wichtig	→	weniger wichtig bzw. zu kompliziert zu handhaben
Nutzung	häufig	→	weniger häufig

Unternehmenstypen

Auch in funktionaler Hinsicht können unterschiedliche Unternehmens- oder Organisationstypen unterschieden werden. Kennzeichen sind die Stärke der Koordination zwischen den Handlungsträgern sowie die Strukturiertheit der Aufgaben. Es ergibt sich eine 2x2-Matrix, mithin vier daraus resultierende Anforderungsgruppen an FIS. Die entsprechend den Unternehmenstypen vorgeschlagenen Arten von FIS sind in Tabelle 10 aufgeführt.

Tab. 10: Unternehmenstypen und FIS-Schwerpunkte

Unternehmenstyp ↓	FIS mit Schwerpunkt auf
Typ 1 schwach strukturiert, stark koordiniert Beispiel: High Tech, Forschung & Entwicklung	– E-Mail – Ad-hoc-Abfragen – Modellierung, Methodenbank – externe Information – Querschnittsinformation – unternehmensübergreifendes FIS
Typ 2 schwach strukturiert, schwach koordiniert Beispiel: Beratungsunternehmen	– Projektmanagement – Modellierung, Methodenbank – Ad-hoc-Abfragen – bereichsweites FIS
Typ 3 stark strukturiert, stark koordiniert Beispiel: Stahlerzeugung	– E-Mail – Berichtswesen – Querschnittsinformation – unternehmensweites FIS
Typ 4 stark strukturiert, schwach koordiniert Beispiel: moderne Autoproduktion	– Berichtswesen – funktionsbezogene Detailinformation – bereichsweites FIS

3.2.1.2 Empirische Konzepte zur Anforderungsermittlung

Praktische Erfahrungen zeigen, daß ein FIS möglichst schnell (nach ca. 4 Monaten Konzeption und Entwicklung) fertiggestellt werden kann und sollte. Erste Ergebnisse (ein Prototyp) sollten den Benutzern noch eher vorliegen (vgl. z. B. [KEUS93], S. 128). Hierbei bietet sich der Ansatz des evolutionären Prototypings an.

3.2.1.2.1 Rollenansätze

DRUCKER sieht folgende Aufgaben des Top-Managements (für eine Erläuterung vgl. [DRUC74], S. 317f):

1.   Unternehmensziele,

2.   Gewissensfunktion: Normen und Beispiele,

3.   Verantwortung für menschliche Organisation,

4.   Hauptbeziehungen (zu wichtigen Kunden und Lieferanten),

5.   Zeremonial-Funktion und

6.   Bereitschaftsorgan für Krisen.

MINTZBERG unterscheidet nach ausführlichen Studien in zehn verschiedene Manager-Rollen (vgl. [MINT91], S. 29-35):

Interpersonelle Rollen: Repräsentationsperson, Führungsrolle (Verantwortlichkeit), Kontaktperson,

Informations-Rollen: Monitor, Verteiler, Sprecher und

Entscheidungsorientierte Rollen: Unternehmer, Krisenmanager, Ressourcenzuteiler, Unterhändler.

Die Funktionen, die Manager wahrnehmen, gehen demnach weit über die von der Betriebswirtschaft im Zusammenhang mit FIS häufig in den Vordergrund gestellten Aufgaben der Planung, Entscheidung, Organisation und Kontrolle hinaus. In dem in diesem Abschnitt erläuterten Bereich vermögen FIS bislang wenig bis nichts zu erreichen. Durch PIM und Groupware jedoch könnten die Informationsrollen Unterstützung finden. Die entscheidungsorientierten Rollen können zum Teil durch die Modellierungskomponente von FIS unterstützt werden.

3.2.1.2.2 Untersuchung von ZANGER u. a.

Die Analyse von ZANGER u. a. zeigt, daß die Akzeptanzproblematik der Computerbenutzung von Managern stark an Bedeutung verloren hat. Standard-Software wie Tabellenkalkulation,

Textverarbeitung, Präsentationsgrafik, Datenbank, integrierte Pakete oder Electronic Mail benutzen nahezu alle jüngeren Manager, aber auch ältere Top-Manager nutzen sie zu 51%. Erwartungsgemäß besteht ein negativer Zusammenhang zwischen der Computerbenutzung und dem Alter sowie der Hierarchieebene der Führungskräfte (vgl. [ZANG94], S. 9). Es ist demnach zu folgern, daß Analysetechniken – die ja sowohl mehr betriebswirtschaftliches Fachwissen (welches man bei Führungskräften voraussetzen darf) als auch eine etwas kompliziertere Oberfläche verlangen – durchaus ohne Probleme eingesetzt werden könnten.

Weiterhin ist der Analyse von ZANGER zu entnehmen, daß der Zugriff auf Unternehmensdaten, die Integration von Standardanwendungen, die Präsentationsmöglichkeiten, die Individualisierbarkeit, die Integration der persönlichen Arbeitsumgebung sowie die Möglichkeit von *Groupware*-Anwendungen wichtige Benutzer-Anforderungen an ein FIS darstellen. Hieraus kann gefolgert werden, daß Möglichkeiten der Integration von Personal Information Management (PIM) vorhanden sein sollten. Daß die Annotationsmöglichkeiten ebenso wichtig sind, kann aus den gewünschten Präsentationsformen, und zwar Text in Berichtsform und Text in Stichworten gefolgert werden (vgl. [ZANG94], S. 11, 13).

Tendenziell ist das Verhältnis von gewünschtem und tatsächlichem Einsatz (Wunsch-Einsatz-Verhältnis) von Informationen und betriebswirtschaftlichen Bearbeitungstechniken (Methoden) umso höher, je geringer die aktuelle Einsatzhäufigkeit ist. Hieraus kann gefolgert werden, daß die Unternehmen einen Bedarf an diesen Techniken und Informationsarten haben.

Das hohe Wunsch-Einsatz-Verhältnis von Informationen über den Marktanteil von Produkten (ca. 1,3:1) verdeutlicht, daß externe Informationen noch zu selten eingesetzt werden bzw. werden können.

3.2.1.2.3 Untersuchung von SCHRÄER

Nach einer von SCHRÄER durchgeführten Untersuchung (vgl. [SCHR93], S. 102) ist der mit Abstand wichtigste Grund für eine FIS-Einführung der Wunsch, *aktuellere* Informationen zu bekommen. Demnach stehen kurzfristige, operative Ziele im Vordergrund. Die Systeme werden hauptsächlich im Controlling eingesetzt (80 von 80 möglichen Punkten), an zweiter Stelle folgt das Berichtswesen mit 55 Punkten, danach die Unternehmensplanung mit 30 Punkten. Diese Zahlen lassen vermuten, daß FIS die Planung und Kontrolle besser unterstützen können als andere Führungsfunktionen.

Die Kosten von FIS betragen durchschnittlich 235 TDM für Software, 80 TDM für Hardware, 210 TDM für Personal und 23 TDM für Schulungen, was allerdings nur als grober Anhaltspunkt dienen kann, da nichts über die Anzahl der eingerichteten Arbeitsplätze ausgesagt wird. Die oben geäußerte These, daß die Entwicklungs- und Wartungskosten den größeren Teil der Kosten eines FIS ausmachen, läßt sich hiermit nicht bestätigen. Es darf jedoch nicht vergessen werden, daß zum Zeitpunkt der Erhebung die Investitionen in Soft- und Hardware abgesehen von Kosten für *Updates* oder Erweiterungen als abgeschlossen betrachtet werden können, die Wartungskosten jedoch weiter ansteigen.

3.2.1.2.4 Erkenntnisse aus FIS-Projekten

In diesem Abschnitt werden kritische Erfolgsfaktoren aus nicht näher konkretisierten Erfahrungen mit FIS-Projekten von KOLL und NIEMEIER einerseits und ROCKART und DE LONG andererseits dargestellt.

KOLL und NIEMEIER sehen folgende kritische Erfolgsfaktoren für eine erfolgreiche FIS-Einführung (vgl. [KOLL93], S. 23):

1. Grundlage muß ein betriebswirtschaftliches Konzept sein, die technische Seite muß im Hintergrund stehen.

2. Die Zusammenarbeit im FIS-Projektteam ist für das Gelingen von großer Bedeutung.

3. Das FIS muß sich am Informationsbedarf zur Unternehmenssteuerung sowie dem Informationsbedarf des oder der Manager orientieren.

4. Eine systematische Planung mit integrativem Rahmenkonzept ist notwendig.

5. Prototyping ist unverzichtbares Hilfsmittel um Anforderungen, die sich erst während des Projektes entwickeln, berücksichtigen zu können und um das Interesse der Führungskräfte durch frühzeitig sichtbare Ergebnisse wach zu halten.

6. Die Tatsache muß berücksichtigt werden, daß zu Beginn viele der Risiken und Probleme nicht sichtbar sind.

7. Sowohl Fachpromotoren als auch ein Projektsponsor sind für das Gelingen eines FIS hilfreich.

8. Die richtige Auswahl einer FIS-Entwicklungsumgebung ist wichtig.

9. Entsprechend der Prototyping-Strategie ist ein FIS nie fertig, es muß sich ständig an neue und sich verändernde Anforderungen anpassen lassen.

10. Eine FIS-Anwendung sollte nicht nur für eine Person erstellt werden, vielmehr sollten mehrere Führungskräfte des Unternehmens davon profitieren können (Man spricht über die gleichen Dinge).

11. Strategisches Informationsmanagement ist notwendig, um die informations- und kommunikationstechnische Basis für FIS zur Gewährleistung von Datenkonsistenz und -integrität sicherzustellen.

12. Mit der Erstellung eines FIS sind Veränderungen der Verhaltens-, Arbeitsweisen, Organisation und der Management-Kultur verbunden.

Für eine ähnliche Aufstellung siehe auch die acht KEF bei ROCKART und DE LONG (vgl. [ROCK88] S. 153f).

Es ist zu fragen, ob dem Charakter der Methode der KEF eine so hohe Anzahl von Erfolgsfaktoren noch Rechnung tragen kann. Wie sich zeigen läßt, kann die Anzahl der Faktoren durch Reduzierung des Detaillierungsgrades noch deutlich vermindert werden.

Diese Arbeit soll zum Erfolg von FIS-Projekten dadurch beitragen, daß die Ausprägungen der Erfolgsfaktoren 1, 3, 5, 6, 8, 9 verbessert werden können. Dabei lassen sich die Faktoren 3, 5, 6, 9 auf das Kriterium Flexibilität verdichten, die Faktoren 1, 3 und 8 entsprechen einem funktionell-betriebswirtschaftlichen Vorgehen bei der Durchführung eines FIS-Projektes. An dieser Stelle können über den Test von FIS-Entwicklungsprodukten die Möglichkeiten und Grenzen für eine betriebswirtschaftliche Konzeption untersucht werden.

JAHNKE identifiziert übersichtlicherweise nur 4 kritische Erfolgsfaktoren, nämlich

1. Strategische Ausrichtung (betriebswirtschaftliche sowie IV-Konzeption),

2. Kooperation,

3. Integration und

4. Flexibilität (vgl. [JAHN93], S. 36).

Der Flexibilität der Konzeption wie der Software wird demnach im Merkmalskatalog ein großes Gewicht beizumessen sein, ebenso der Integration in vorhandene Systeme. Außerdem dürfen betriebswirtschaftliche Methoden ebensowenig fehlen wie Kriterien, die etwa der Informationsmanager definieren würde (Einhaltung von Standards, Modularisierung, flexibler Datenaustausch, etc.).

3.2.1.3 Zusammenfassung

Zu den Haupteinflußfaktoren auf die *Akzeptanz-Barrieren* zählen:

1. die Gestaltung der Benutzeroberfläche und die Handhabung von Computern im allgemeinen (Software-Ergonomie) (zur Software-Ergonomie vgl. [NN88A], Sp. 1497 sowie [MAAß93] und [DIN88]),

2. die Verfügbarkeit des FIS an unterschiedlichen Orten (FIS auf Notebook),

3. die physischen Möglichkeiten der Kommunikation mit dem Computer (Eingabe und Ausgabe) wie Spracheingabe, Schrifterkennung, Tastatureingabe (Hardware-Ergonomie verknüpft mit entsprechenden Fähigkeiten der Software: z. b. Scanner/Grafiktablett und Erkennungssoftware; die eigentliche Hardware-Ergonomie fällt nicht in den Themenbereich dieser Arbeit, die sich nur mit der Software beschäftigt).

Den *Funktionalitäts-Anreizen* sind zuzuordnen:

1. die Verfügbarkeit von internen, externen Allianzpartner-Daten und sonstigen externen Daten

2. die Funktionalität der betriebswirtschaftlichen Modellbildung,

3. die Integration von PIM und Bürofunktionen in das FIS,

4. die Möglichkeiten zur Individualisierbarkeit,

5. Funktionen zur Förderung von Gruppenarbeit.

Aus dem Vergleich der Haupteinflußfaktoren der Akzeptanz-Barrieren mit der unter 3.1.2.1 genannten Definition der Barrieren, läßt sich erkennen, daß es sich zumindest teilweise um ein zweidimensionales Problem handelt. Eine einfache Kommunikation mit dem Computer über Spracheingabe beispielsweise sorgt sowohl für einen geringen Lernaufwand als auch einen geringen Aufwand während der laufenden Arbeit, da die Spracheingabe ein effizientes Eingabemittel ist.

3.2.2 Anforderungen der Informationsmanager

Für den Informationsmanager ist eine erfolgreiche Abwicklung des gesamten FIS-Projektes wichtig. Daher hat er hohe Ansprüche an möglichst niedrige Kosten bei hoher Benutzerzahl und -zufriedenheit.

Er sollte dabei eine längerfristige Sichtweise verfolgen, bei der das gesamte Informationsmanagement der Unternehmung im Blickfeld liegt. Der Integrationsgedanke spielt deshalb eine große Rolle.

Der Informationsmanager möchte einen möglichst harmonischen Entwicklungs- und Integrationsprozeß in das IV-Management der Unternehmung. Er legt deshalb besonderen Wert auf ein einheitliches Datenmodell, auf Standards sowie auf möglichst geringe Heterogenität der Hardware und Software.

Die Zukunftsaussichten der FIS-Entwicklungsumgebungen sind von großer Wichtigkeit. Von ihnen hängt es ab, ob sich die Investition in das FIS (vor allem der Entwicklungsaufwand) lohnt und ob eine Weiterentwicklung auf der Basis des bestehenden FIS möglich ist. Der Informationsmanager wird dabei auch auf die softwaretechnologischen Aspekte Wert legen.

Außerdem hat der Informationsmanager die Kosten im Auge. Dazu gehören die Zeitersparnis durch FIS (Vereinfachung der Informationssammlung und des Berichtswesens) sowie die Kostenersparnis, z. B. bei der Wirtschaftsprüfung (Wirtschaftsprüfer können die Stichproben direkt über das FIS machen, was einen erheblichen Zeitgewinn darstellt).

Standardisierung der betriebswirtschaftlichen Modelle und Methoden

Auch die **Modelle** und **Methoden** könnten im FIS schon vordefiniert sein. Der Informationsmanager hat ein großes Interesse daran, daß die Entwicklungskosten durch weitgehende Standardisierung niedrig ausfallen. Vordefinierte Modelle und betriebswirtschaftliche Methoden wird er deshalb fordern. Wichtig ist es, auf Methoden der betriebswirtschaftlichen Praxis zurückgreifen zu können, denn das ist es, was Manager wollen. Außerdem mag es über schon fertig implementierte und in der Praxis noch nicht so häufig benutzte Analysemethoden gelingen, diese in der Praxis weiter zu verbreiten. FIS hätten damit eine „bildende" Wirkung.

Die ABC-Analyse beispielsweise ist geeignet, die Bereitschaft zu begrenzen, durch übermäßigen Aufwand den letzten perfektionistischen Ambitionen nachzugehen. Sie vereinfacht die Betrachtung für das Unternehmen unterschiedlich wichtiger Objekte (etwa Kunden, Produkte, Rohstoffe) indem sie diese nach Relevanz (etwa entsprechend dem Merkmal Deckungsbeitrag) in drei Gruppen A, B und C einteilt. Durch umfangreiche Methodenbanken könnte die Entscheidungsqualität steigen.

3.2.3 Anforderungen der FIS-Entwickler

Die FIS-Entwickler sollten darauf bedacht sein, den Wünschen der Benutzer möglichst rasch nachkommen zu können. Für ihre Arbeit erwarten sie eine Entwicklungsumgebung, die einfach und effizient zu bedienen ist und außerdem auf Änderungen flexibel reagieren kann. Die Anforderungen beginnen demnach mit einer einfachen und problemlosen Installation und hören mit Anforderungen an eine einfache und effiziente Software-Wartung auf. Die Anforderungen der FIS-Entwickler zeichnen sich dadurch aus, daß sie in erster Linie für geringe Entwicklungskosten sorgen.

3.2.3.1 Oberfläche der Entwicklungsumgebung

Nicht nur aus Effizienzgründen, sondern auch um eine hohe Motivation der Entwickler zu erreichen, ist eine ergonomische Benutzeroberfläche für Entwickler zu fordern. Entwickler sollten

– ebenso wie die Benutzer – eine grafische Oberfläche zur Bedienung der Entwicklungskomponenten des FIS zur Verfügung gestellt bekommen. Die Programmierung sollte soweit möglich über Dialogboxen und Objekte erfolgen.

3.2.3.2 Entwicklungskosten

Eine Veränderung der Kosten der Informationsversorgung kann im Gegensatz zur Nutzenerreichung relativ leicht quantifiziert werden. Auch können die Kosten eines FIS-Projektes (Software-Lizenzen, Erstellung, Schulung) ermittelt werden. Was die Entwicklungsumgebung angeht, so ist sie zu einem Großteil für die meßbaren Kosten mitverantwortlich. Ein Unternehmen, das die Einführung eines FIS plant, wird Anforderungen an eine FIS-Entwicklungsumgebung stellen, die niedrige Entwicklungskosten bewirken. Dazu gehören

1. leistungsfähige Werkzeuge, um grafische Oberflächen und die Modelle zu generieren,

2. flexible Mechanismen, um laufend Veränderungen (objektorientierte Grafik, Data Dictionary, flexible Modellbildung) durchführen zu können und

3. möglichst stark vordefinierte Standard-Bausteine, die nur noch an die eigenen Bedürfnisse zu adaptieren sind.

Unterschiede zwischen verschiedenen Entwicklungsumgebungen zeigen sich häufig erst bei genauerem Hinsehen. Wie Abb. 18 zeigt, ist es mit einem Tabellenkalkulationsprogramm einfach, kleine Modelle zu erstellen, die Daten können u. U. von Hand schneller eingegeben werden als dies mit Hilfe eines FIS und des Aufbaus von SQL-Abfragen sowie der Erstellung eines Unternehmensdatenmodells möglich wäre. Mit zunehmender Modellkomplexität zeigt sich schnell, daß der Aufwand überproportional steigt. Dinge, die mit einem FIS leicht zu verwirklichen sind, z. B. die Abbildung unterschiedlicher Zusammenhänge unter Verwendung des gleichen Modells jedoch mit unterschiedlichen betriebswirtschaftlichen Variablen und Daten, erfordern mit einer Tabellenkalkulation unter Umständen jeweils eigenständige Programmierungen von Modellen für jeden einzelnen Zweck. Die Grafik zeigt die zwei Bereiche, in denen die jeweiligen Aufwand-Funktionalitäts-Funktionen verlaufen könnten. Ursache für diese unterschiedlichen Verläufe ist letztlich das Ausmaß an *Flexibilität*, dem die Entwicklungsumgebungen genügen. Je höher die Flexibilität, desto weniger problematisch sind Änderungen und Erweiterungen. Wie oben bereits ausgeführt, sind wichtige Ausprägungen dieses Kriteriums die Merkmale Mehrdimensionalität und Trennung von Daten und Modell sowie die flexiblen Import- bzw. Datenanbindungsmechanismen. Weitere Anforderungen ergeben sich aus dem OLAP-Konzept (vgl. Abschnitt 2.2.2.2).

Beispiele dafür, daß auch komplexe Informations- und Analysesysteme mit Tabellenkalkulationen möglich sind, lassen sich leicht finden (vgl. z. B. [HAAS93]).

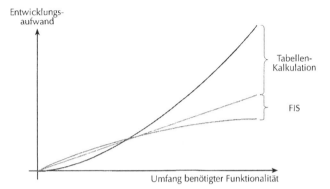

Abb. 18: Vergleich zwischen FIS und Tabellenkalkulation bezüglich des Aufwands der Modellerstellung

3.2.3.3 Standardisierung der Datenanbindung

Ad-hoc-Abfragen scheitern in der Praxis häufig an der Komplexität der Abfragesprache, aber auch an den **Bezeichungen** der Relationen und Attribute, die sich keinesfalls „selbsterklärende betriebswirtschaftliche Namensbezeichnungen" nennen dürfen. Bei der Anbindung eines betriebswirtschaftlichen Modells an die Unternehmensdaten tritt dieses Problem ebenfalls auf. FIS-Modellierer müssen häufig viel Zeit verwenden, um ihr Modell an die Unternehmensdaten anzubinden.

Für betriebswirtschaftliche Standardsoftware wie TRITON und R/3 beispielsweise könnten Tabellen (die im folgenden *Tabellennamenumsetzer* genannt werden sollen) existieren, die für sämtliche Relationen und Attribute die Beziehungen zwischen deren Namen und den korrespondierenden Namen der entsprechenden betriebswirtschaftlichen Größen der Modellbildung herstellen. Besser wäre es natürlich, wenn die Produkte gleich selbsterklärende Namen für Tabellen und Attribute verwenden würden. In diesem Fall müßte darüber hinaus jedoch sichergestellt werden, daß in unterschiedlichen Standardsoftware-Produkten jeweils die *selben* Namen verwendet würden, da sonst eine vordefinierte Verknüpfung von FIS und betriebswirtschaftlicher Standard-Software nicht möglich wäre. Dann würden dennoch Übersetzungstabellen benötigt.

3.2.4 Beziehungen zwischen den Anforderungsprofilen

Die nun zu lösende Aufgabe lautet:

„Gewichtung der Anforderungsprofile für das Gesamtziel *wirkungsvolles FIS*".

Die Managerwünsche sind sicherlich die wichtigsten Anforderungen an FIS, für sie werden ja schließlich FIS überhaupt hergestellt. Ihre Arbeitskraft ist am wertvollsten. Es läßt sich jedoch zeigen, daß die Berücksichtigung der Anforderungen von Informationsmanagern und Entwicklern die Erfüllung der Manager-Wünsche unterstützt.

Die Anforderungsprofile der FIS-Entwickler und die der Manager setzen an unterschiedlichen Seiten eines FIS-Produktes an (vgl. Abb 13). Die Entwicklung eines FIS als evolutionäres Prototyping bedingt jedoch eine große Abhängigkeit zwischen Entwicklern und Benutzern. Zeitersparnisse bei der Entwicklung kommen den Benutzern unmittelbar zugute. Dies zeigt auch die Tabelle 11.

Eine Untersuchung der Beziehungen der unterschiedlichen Anforderungsprofile untereinander kann mit Hilfe einer *Vernetzungsmatrix* erfolgen. Als einfaches Beispiel mag hier Tabelle 11 dienen. In der Tabelle werden Werte für die Stärke der Beziehungen der Anforderungen der in der linken Randspalte stehenden Personen (Zeilenelemente) auf die Anforderungen der in der Titelzeile stehenden Personengruppen (Spaltenelemente) eingetragen. Die Aktivsumme gibt an, welche Gesamtwirkung von einem Zeilenelement ausgeht, die Passivsumme, mit welcher Gesamtwirkung auf eine Spaltenelement zu rechnen ist. Die Beziehungen der Anforderungen untereinander werden über eine Skala von –3 (starker negativer Zusammenhang) bis +3 (starker positiver Zusammenhang) in der Tabelle ausgedrückt.

Dennoch zeigt Tabelle 11, daß die Ziele des Informationsmanagers ebenfalls Potentialwirkung für ein FIS-Projekt haben können, was die Aktivsumme von 3 zeigt. Die Passivsumme der Manager, 3, zeigt, daß diese die Haupt-Nutznießer erfüllter Entwickler- und Informationsmanager-Anforderungen sind. Dabei wurde angenommen, daß die Berücksichtigung der Anforderungen der Informationsmanager den Entwicklern (+2) und den Managern (+1) durch reibungslose Gestaltung von Informationsströmen und leichter Änderbarkeit des FIS stark zugute kommt. Auf einer hier angenommenen Skala von –3 bis 3 wurde deshalb ein positiver Zusammenhang für die Nutzenerfüllung von +1 angenommen.

Tab. 11: Vernetzungsmatrix der Nutzenerfüllung durch Anforderungskonformität unterschiedlicher Anforderungsprofile

Wirkung von ↓ auf →	Anwender	FIS-Entwickler	Informations- manager	Aktivsumme
Anwender	–	0	0	0
FIS-Entwickler	2	–	0	2

Informations-manager	1	2	--	3
Passivsumme	3	2	0	5

In dieser Studie wurde deshalb für eine Gesamtbeurteilung der Produkte eine Gewichtung von 50% direkt für die Anforderungen des Anwenders, 30% für die Anforderungen des Informationsmanagers und 20% für die des Entwicklers angenommen (vgl. Tabelle 12). In der beispielhaften Gesamtbewertung in Abschnitt 4.5 wurden diese Werte zugrunde gelegt.

Tab. 12: Gewichtung der Anforderungen

Anwender	50%
Informationsmanager	30%
Entwickler	20%

3.3 Zielvorstellungen von FIS

In diesem Abschnitt soll endgültig die Trennung zwischen DSS und FIS aufgegeben werden, auch wenn – zumindest im Moment noch – die ursprünglichen Unterschiede zwischen DSS und FIS (vgl. Abschnitt 2.1.3) erkennbar sind. Es ist zu sehen, daß DSS und FIS im Begriff sind, zu verschmelzen, auch wenn in den Produkten zum Teil Berichtswesen und Modellbildung parallel nebeneinander bestehen. Vermutlich werden Berichte in Zukunft lediglich als Ausdrucke von Modellsichten verwendet werden (vgl. OLAP, Abschnitt 2.2.2.2, Punkt 11). Der Begriff *FIS im engeren Sinne* aus Teil 2 wird demnach erweitert auf den Begriff *FIS im weiteren Sinne,* kurz FIS. Hierauf wird im folgenden zurückgegriffen.

3.3.1 Definition

Im folgenden soll mit Blick auf zukünftige Entwicklungen nachstehende Definition von Führungsinformationssystemen verwendet werden:

> Führungsinformationssysteme sind computerunterstützte, integrierte, sehr bedienerfreundliche, individuelle Werkzeuge, mit denen sich Führungskräfte die zur Bewältigung ihrer Aufgaben wichtigen Informationen verschaffen, diese bearbeiten und verteilen können.

Diese zugegebenermaßen recht offene Definition hat den Vorteil, daß sie gerade durch ihre Offenheit Anforderungen an FIS einschließt, die erst in Zukunft erfüllt, aber schon heute von Benutzern gewünscht werden. Sie eignet sich deshalb für die vorliegende Problemstellung, nämlich einen Test, der sich an den Wünschen der Benutzer orientiert.

Statt von *Entscheidungs*unterstützung zu sprechen, wird die ganze Palette der *Aufgaben*unterstützung durch Softwarekomponenten aller Art angesprochen. Hierunter fallen Bürowerkzeuge, Groupware und PIM. Das Wort **Unterstützung** wiederum drückt aus, daß unter anderem schlecht strukturierbare Aufgaben zu lösen sind, bei denen das Computersystem nur Unterstützungsfunktion hat.

Die **Integration** wird betont, da sie nach Auffassung des Verfassers eine wesentliche Voraussetzung für volle Nutzenentfaltung durch technische und organisatorische Integration in vorhandene Systeme und Strukturen im Unternehmen ist.

Die **Bedienerfreundlichkeit** ist ein wesentlicher Erfolgsfaktor für ein *akzeptiertes* FIS.

Durch den Aspekt der **Verteilung** von Informationen wird Groupware-Funktionalität gefordert.

Die Forderung, Informationen **bearbeiten** zu können, zielt auf die Modellierungs-, Planungs-, Analysefähigkeiten und auf seine Bürofunktionen, aber auch auf die Fähigkeit des Systems, persönliche Sichten und Kommentare zuzulassen. Hieran schließt sich das Kriterium der **Individualisierbarkeit** an, demzufolge sich individuelle Arbeitsstile und Präferenzen bei der Auswahl von Informationen berücksichtigen lassen.

Für die Herkunft der Informationen werden keine Einschränkungen formuliert.

Mit der Erkenntnis, daß Führungskräfte sowohl Fachaufgaben als auch Führungsaufgaben wahrnehmen und daraus, daß der Nutzen eines FIS mit seiner Verbreitung steigt, wird keine Einschränkung der Benutzergruppe auf die höchste Managementebene vorgenommen.

3.3.2 Komponenten

Die Komponenten eines FIS aus Benutzersicht geordnet sind Benutzer-Oberfläche, Sicherheitskonzepte, Groupware-Funktionen, Individualisierbarkeit, betriebswirtschaftliche Modellierung, Bürofunktionen (vermutlich am effizientesten durch Integration von Standard-Anwendungen zu realisieren), Persönliches Informations-Management (PIM) sowie Datenhaltung und Zugriff auf interne und externe Daten. Einen Überblick gibt Abb. 19.

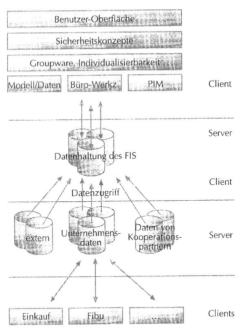

Abb. 19: Aufbau eines FIS

Der logische Weg der Entscheidungsunterstützung fängt mit der Datenbeschaffung an und läuft über die betriebswirtschaftliche Modellierung und Aufbereitung (Darstellung) bis zur Weiterverarbeitung.

Datenbeschaffung. Im Idealfall besteht eine dynamische Client/Server-Beziehung zwischen den originären Daten der EDP-Systeme und den FIS, die ihre Modellierung, Aufbereitung und Weiterverarbeitung ermöglichen sollen. In einem minder idealen Fall müssen Daten auf Dateiebene direkt oder über Austauschformate übernommen (importiert) werden.

Zu den Daten gehören sowohl *beschreibende* als auch solche Daten, die Werte und Informationen ausmachen (Kerndaten). Zu den *beschreibenden* Daten (Kontext der Kerndaten) gehören die Dimensionen der Modellierung (vgl. 2.2.2). Die Kerndaten sind z. B. die Umsatz-Werte, die von den *beschreibenden* Daten wie Produkt, Vertriebsgebiet, Zeitraum, etc. in ihren Kontext gestellt werden.

Bei der Datenbeschaffung läßt sich eine *hardwaretechnische*, eine *softwaretechnische* und eine *betriebswirtschaftliche* Ebene unterscheiden. Die *hardwaretechnische* Ebene meint die physikalische Verbindung zwischen EDP (Datenquelle) und FIS, i. d. R. ein Netzwerk, welches

56

die Computer, auf denen die entsprechenden Anwendungen laufen, verbindet. Die *software-technische* Ebene bezeichnet die Konventionen, die nötig sind, damit Daten zwischen den Programmen ausgetauscht werden können, wenn bereits eine *hardwaretechnische* Verbindung besteht. Hierunter fallen Austauschformate, Abfragesprachen, aber auch Netzwerkprotokolle und *Connectivity-Tools*. Die *betriebswirtschaftliche* Ebene stellt eine Komponente dar, die bislang nahezu völlig vernachlässigt worden ist, aber mit zunehmender Automation der Datenanbindung (DAL, ODBC) an Bedeutung gewinnt, da sie einen Hemmschuh für die Übernahme der Daten in die Modelle erkennen läßt. Mit der *betriebswirtschaftlichen* Ebene sollen hier die Konventionen genannt werden, mit deren Hilfe Bezeichnungen der Unternehmensdaten von der BDV ins FIS überführt werden. Hier kann auch von der *semantischen* Ebene der Datenübertragung gesprochen werden.

In Beispielen der Anbieter werden in den Datenabfragen fast immer klare Tabellen- und Spaltenbezeichnungen verwendet, wie sie in der Realität der Unternehmensdatenbanken oft nicht auftauchen. Dort nämlich werden statt betriebswirtschaftlichen Ausdrücken oft kryptische Bezeichnungen benutzt. Für die Modellbildung erscheint es deshalb vorteilhaft, wenn die Daten der Unternehmensdatenbanken in verständlich bezeichnete Modellvariablen geladen werden.

Externe Informationen. Externe Informationen gewinnen zunehmend an Bedeutung (vgl. z. B. [PICO90A], S. 9). Der Zugriff auf und die Integration von externen Informationsquellen ist daher eine wichtige Anforderung an FIS. Sehr gut vorstellbar ist, daß zur Verarbeitung dieser häufig sehr weichen, d. h. schlecht strukturierten Informationen PIM-Werkzeuge Verwendung finden könnten. Externe Informationen helfen, strategische Entscheidungen zu treffen.

Auf externe Informationen sollte – wie beispielsweise im Online-Dienst eWorld der Firma Apple Computer GmbH (vgl. [DERN94A], S. 142) – über Themenprofile zugegriffen werden können. Der Benutzer wird automatisch über Artikel, die den von ihm angegebenen Themen entsprechen, vom System informiert.

Modellierung. Die Modellierung beinhaltet die FIS-lokale Speicherung in Modellvariablen und die Bearbeitung der Daten mittels geeigneter Methoden aus der Methodenbank.

Aufbereitung. Hier geht es um die grafische Darstellung und Präsentation der durch das Modell erhaltenen Informationen.

Verarbeitung. Darunter sollen alle Arten der Be- bzw. Verarbeitung verstanden werden. Als Beispiele wären die *Bearbeitung im Team* (Groupware) und *persönliche Annotation* sowie *automatische Wiedervorlage* zu nennen.

Sicherheitsmechanismen. Führungskräfte sind bezüglich der Computerbenutzung über

Netzwerke äußerst skeptisch, was die Wirksamkeit des Schutzes vor unberechtigtem Zugriff angeht. Sämtliche Daten des FIS müssen deshalb gegen unbefugten Zugriff durch ein umfassendes Sicherheitssystem geschützt sein.

Individualisierbarkeit. Die *Anpassung an die persönliche Arbeitsweise* kann durch ein Expertensystem erfolgen, welches durch „Beobachtung" des Benutzers lernt. Auch wäre es möglich, aufzuzeichnen, welche Gewohnheiten der Benutzer hat (Auswertungsmethoden, abgerufene Bildschirmseiten, Arbeitsgeschwindigkeit des Benutzers (Taktrate der Mausklicks) u. v. m.) und mittels eines Programmes auszuwerten. Daraufhin kann das FIS manuell, halbautomatisch oder automatisch angepaßt werden. Beispiele für eine automatische Anpassung wäre die Veränderung der Mausreagibilität durch das System aufgrund der ermittelten Mausaktivitäten des Benutzers und die Darstellung von Grafiken im vom Benutzer in der Vergangenheit präferierten Format.

FIS-Spezialfunktionen. Diese sind Funktionen wie *Drill Down, Exception Reporting* und *Ad-Hoc-Abfragen.*

Ad-Hoc-Abfragen. Hierunter sind nicht vorgefertigte bzw. vom Benutzer „aus dem Augenblick heraus" gestellte Anfragen an ein FIS zu verstehen. Ad-Hoc-Anfragen sind für Endbenutzer nur möglich, wenn sie auf einfache Art und Weise formuliert werden können. Die Grenze zwischen vorgefertigten Berichten und Ad-Hoc-Abfragen ist dann nicht mehr erkennbar, wenn die Flexibilität von vorgefertigten Berichten (die ja den geforderten benutzerfreundlichen Informationszugriff darstellen) eine vollständig freie Auswahl von Merkmalen (betriebswirtschaftlichen Größen) zuläßt. Dies ist erst dann der Fall, wenn sämtliche Merkmale auf einfache Weise und in betriebswirtschaftlicher Semantik angesprochen werden können oder wenn ein vollständiges betriebswirtschaftliches Unternehmensmodell existiert (auf dessen Daten auch sehr einfach zugegriffen werden kann).

Drill Down. Mit Hilfe von Drill Up und Drill Down können die Konsolidierungsstufen gewechselt werden.

Exception Reporting. Hiermit wird die Kontrolle von Plan- und Ist-Werten ermöglicht. Abweichungen werden farbig markiert. Eine automatische Benachrichtigung im Falle einer Abweichung ist möglich.

Büro-Werkzeuge. Eine *Integration von Standardanwendungen* ist wünschenswert, weil dadurch die Funktionalität des FIS stark erweitert werden kann. Außerdem wird es dadurch zu einem flexiblen FIS, das ohne Änderung die Verbesserung von Standardanwendungen im Zuge ihrer Entwicklung nutzen kann. Dazu gehört die Einbindung von externen Informationsquellen, von E-Mail und Textverarbeitung.

Integration von PIM. Die *Verwaltung von persönlichen Daten* kann zunächst z. B. die Verwaltung von Adressen mit Notizen beinhalten, kann jedoch auch weit darüber hinaus gehen.

Die Integration von PIM-Funktionen in ein FIS alleine mag eine Aufgabe sein, der sich eine eigene Arbeit widmen könnte. Dies ist ein überaus interessantes Feld, das sich zudem sicherlich für FIS als außerordentlich wichtig erweisen wird, da eine Unterstützung der Manager durch herkömmliche (nicht computergestützte) Methoden im PIM in außerordentlichem Maße an seine Grenzen stößt.

Ideen seien hierbei im folgenden Objekte, die alle Arten von Informationen enthalten können, z. B. Sichten auf FIS-Informationen incl. der dazugehörigen Daten, Bild-, Film-, Ton-, Textdokumente bzw. multimediale Dokumente sowie Verknüpfungen dieser Objekte.

1. Es ist mit vertretbarem Aufwand nicht möglich, eigene *Ideen* (so werden im folgenden die Basis-, d. h. die Kerninformationen eines PIM genannt), gelesenes Wissen und Anfragen von Mitarbeitern, Geschäftspartnern oder Freunden so abzulegen, daß sie jederzeit im Zugriff liegen. Der Umfang der Daten würde den Zugriff auf dieselben in Papierform nahezu unmöglich machen. Selbst bei akribischer Ordnung nach Themen wären evtl. große Stapel mit Papier zu durchforsten um eine bestimmte Information zu finden. *Volltextsuche* wäre nicht möglich.

2. Eine Wiedervorlage bestimmter Informationen erfordert ein Umtragen im Kalender.

3. Die Informationen liegen isoliert vor. Eine Verknüpfung von Informationen (Ideen, etc.), Adressen, Informationsempfängern, Informationslieferanten, etc. ist nicht möglich.

Wünschenswert wäre es, wenn man beispielsweise alle Ideen, die einen bestimmten Mitarbeiter betreffen, anzeigen lassen könnte, dazu die Adresse, Telefonnotizen, etc., oder alle Erledigungen, die man an einem bestimmten Ort zu tätigen gedenkt. Weiter könnte man alle Informationen zu einem bestimmten Thema anzeigen lassen, um weitere Anregungen zu bekommen oder sich über den Stand einer Sache zu informieren. Auch in zeitlicher Hinsicht müßte eine Einteilung vorgenommen werden können. Aus einer Idee sollte man zum Beispiel durch einfaches Versehen mit einer Adresse und Absenderinformationen (Fußzeile, Logo, Absenderzeile im Adreßfenster) einen Brief, ein Memo oder eine elektronische Nachricht (kann ebenfalls Brief- oder Memoform haben) machen können.

4. Techniken zur Verteilung von Informationen und zur Gruppenarbeit sind mit Computer-Hilfe wesentlich effizienter.

Hieraus läßt sich eine vorläufige Definition von Personal Information Management Systemen ableiten:

> Ein PIM ist ein in die bestehende Informationsinfrastruktur eingebundenes System mit dem persönliche Basisinformationen, die aus unterschiedlichen Datentypen bestehen können, deskribiert und verarbeitet (verteilt, bewertet, ausgewählt) werden können.

Bestehende PIM-Systeme auf Basis von PC-Software sind noch nicht ausgereift genug, was auch aus einer Untersuchung ausgewählter Produkte von BACK-HOCK hervorgeht (vgl. [BACK90C]). Insbesondere fehlt eine Integration in bestehende Informationssysteme. Benutzer von PIM müssen bislang Kunden- oder Mitarbeiteradressen, die bereits in der Unternehmensdatenbank geführt werden, in der Regel neu in einer lokalen Datenverwaltung erfassen. Es müßte stattdessen über Zugriffsmechanismen und -rechte, sowie über einen Replikationsmechanismus im Falle verteilter und redundanter Datenhaltung (Notebook-Benutzung) verfügt werden können.

Einen zweiten, sehr konsequenten Weg in Richtung PIM gehen die Personal Digital Assistants (PDA's). Ausgestattet mit raffinierten Funktionen wie Handschrifterkennung sind sie in der Lage Informationen zu erkennen, zu verwalten und automatisch zuzuordnen. Außerdem kommunizieren sie mit Hilfe der Datenfernübertragung (DFÜ), Netzwerk oder über Fax mit der Außenwelt.

3.4 Merkmalskatalog/Testkriterien

Aus den oben entwickelten Anforderungen wurde ein Merkmalskatalog zum Test der Produkte abgeleitet. 374 Merkmale wurden hierarchisch nach Klassen und Gruppen geordnet. Der Merkmalskatalog erhebt keinesfalls Anspruch auf Vollständigkeit. Vielmehr kann er als Basis für seine weitere Vervollständigung dienen. Manche Merkmale wurden erst während des Tests der Produkte aufgenommen, weil ihre Relevanz erst in der Praxis zutage trat. Die Merkmale sind zusammen mit einer Übersicht über die Klassen- und Gruppeneinteilung im Rahmen der exemplarischen Abbildung der Testergebnisse des Produktes macControl II 3.4 für den Apple Macintosh in Anhang 7.1 aufgeführt.

Die betriebswirtschaftlichen Methoden (Entscheidungs-, Analyse-, Planungs-, Vergleichs-, Bewertungstechniken, etc.) müssen einer Analyse auf ihre Relevanz für die Problemlösung im Management standhalten, die im Rahmen dieser Arbeit nicht geführt werden konnte. Die getesteten Methoden stellen also nur eine Auswahl dar, die allerdings der einschlägigen Literatur (vgl. [CURT89]; [HIAM92]; [SCHN92]; [NN84]; [SCHI90]; [LAUX91]) entnommen wurde.

Es wurde geprüft, ob die Methoden zur Anwendung zur Verfügung stehen und nicht, ob sie mit der Entwicklungsumgebung und ihren Werkzeugen programmiert werden können. Sind die Methoden nur durch die Entwicklungsumgebung zu implementieren, nützen sie gleichfalls wenig. Sie sind dann nur in einem bestimmten Kontext zu verwenden. Dies entspricht den festen Informationsstrukturen, wie sie schon vom Berichtswesen bekannt sind.

Die Zuordnung der Merkmalsklassen zu den Anforderungsprofilen von Anwender, Informationsmanager und Entwickler erfolgte exemplarisch vereinfachend folgendermaßen:

Anwendersicht:

– Benutzungsoberfläche .... 10 %

– Betriebswirtschaftliche Merkmale .... 20 %

– PIM/Individualisierbarkeit .... 15 %

– Sicherheit .... 5 %

Informationsmanagersicht:

– Anbieter- & Produktinformationen .... 15 %

– Integration von Standard-Anwendungen .... 5 %

– Datenhaltung .... 10 %

Entwicklersicht:

– Datenanbindung .... 10 %

– Entwicklungsumgebung .... 10 %

Die Gewichtungen sind jeweils hinter den Merkmalen angegeben. Es ergibt sich – wie in 3.2.4 beschrieben – eine Gewichtung der Anforderungsprofile von Anwender, Informationsmanager und Entwickler von 50%, 30% und 20%.

4 Praktische Umsetzung

4.1 Konzeption einer Auswertungsdatenbank

Die Datenbank zur Erfassung und Auswertung der Testergebnisse bedient sich – wie in 3.4 beschrieben – einer funktionalen Einteilung der Merkmale in Klassen und Gruppen. Darüber hinaus können Merkmale über vordefinierte, veränderbare Zuweisungen zu weiteren Gruppen zusammengefaßt werden. Beispielsweise können Merkmale, die vor allem für die Kriterien Flexibilität, Software-Technologie, Kosten, FIS-Spezialfunktionen oder die Einhaltung von Standards verantwortlich sind, ausgewählt werden, so daß der Benutzer der Testdatenbank verschiedene Aspekte getrennt untersuchen kann. Außerdem ist es möglich, neue Gruppen hinzuzufügen oder bestehende zu verändern.

Die Merkmale wurden auf einer Skala von 1 bis 5 gewichtet und ihre Ausprägungen bei jedem Produkt auf einer Skala von 1 bis 5 bewertet. Das Produkt aus Merkmalsgewicht und Ausprägungsbewertung ergibt die Bewertung der Ausprägung eines Merkmals bei einem Produkt. Die Summen der Bewertungen geteilt durch die Summe der Gewichte ergibt die Gesamtbewertung eines Produkts, ebenfalls auf einer Skala von 1 bis 5. In Tabelle 13 ist die Bewertungsmethodik beispielhaft dargestellt.

Tab. 13: Bewertungsschema am Beispiel des Produktes A

Merkmal	Gewicht	Bewertung Prod. A	Summe
Kommentierungen möglich	5	3	15
Punktgrafiken	3	4	12
Summe	8	7	27

Teilt man die Summe von 27 durch die Gewichtssumme von 8, so ergibt sich die gewichtete Bewertung des Produktes A anhand der zwei Merkmale zu 3,4 (auf einer Skala von 1 bis 5). Durch die stärkere Gewichtung des ersten Kriteriums ergibt sich, daß die Gesamtbewertung in Richtung auf dieses Kriterium ausschlägt.

4.2 Auswahl zu vergleichender FIS

Zur Vorauswahl wurden folgende K.-O.-Kriterien aufgestellt:

• Bereitstellung des Produkts durch den Hersteller,

• Verwendung der Oberfläche des Betriebssystems,

- Grafische Benutzeroberfläche (GUI),

- Online-Zugriff auf zentral verwaltete Unternehmensdaten (dynamische Datenanbindung) und

- Client/Server-Architektur.

Tab. 14: Geschätzte Marktanteile von FIS-Produkten (vgl. hierzu [GILL 94], S. 27-28)

	EUDA/FIS [Mio$]	davon FIS [Mio$, geschätzt]	Marktanteile FIS [%, geschätzt]
U.S. Independent Software Vendors			
Comshare	42	42	23,86
Information Resources	37	37	21,02
Pilot Software	22	22	12,50
Computer Associates	20	20	11,36
SAS Institute	13	13	7,39
Trinzic	6	6	3,41
Sterling Software	5	5	2,84
Information Builders	3	3	1,70
Dimensional Insight	1	1	0,57
Microstrategy	1	1	0,57
Must Software International	<1	<1	< 0,5
U.S. System Vendors			
IBM	144	2	1,14
International Independent Software Vendors			
Cognos	9	9	5,11
Planning Sciences	5	5	2,84
Andere	479	10	5,68
Total	663	176	100,00

Da der Test aller den K.-O.-Kriterien genügenden Merkmale jedoch den Rahmen dieser Arbeit gesprengt hätte, wurde eine weitere Einschränkung über den Marktanteil der Produkte vorgenommen. Die zwei Produkte mit den größten Marktanteilen wurden ausgewählt.

Tabelle 14 zeigt die geschätzten Marktanteile der FIS. Für die Schätzung wurde auf eine Studie der IDC zurückgegriffen, bei der die Umsätze von End-User Data Access-Software (EUDA) und FIS-Produkten nach Anbietern erhoben wurden (vgl. [GILL94], S. 27-28). Hierbei mußte die Gruppe der EUDA vernachlässigt werden.

Hieraus ergaben sich die Produkte der Firmen Comshare mit dem größten und Pilot mit dem drittgrößten geschätzten Marktanteil.

Außerdem wurde noch die Konzeption der Produkte als Entscheidungskriterium für die Auswahl herangezogen. Forest&Trees wurde aufgrund seines interessanten Konzepts, macControl wegen seines Konzepts und weil es das einzige zur Verfügung stehende Produkt für den Apple Macintosh war, ausgewählt. In Tabelle 15 sind die für den Test ausgewählten Produkte dargestellt. Die Numerierung erfolgt analog der Produktliste in Anhang 7.2.

Tab. 15: Für den Test ausgewählte Produkte

	Produkt	Hersteller/Vertrieb
9	Commander EIS/ System W/ One-Up/ Commander FDC/ eSSBase/PRISM	Comshare GmbH
29	Forest&Trees	Polaris GmbH (Vertrieb)
40	Lightship/ MicroFCS/ Pilot Command Center (Host/Server)/ PC-Modul Pilot/ FCS DSS/ Workstation Multi	Pilot Executive Software GmbH
42	macControl	Breitschwerdt+Partner

4.3 Test

Der Test der unter Windows und der unter dem Macintosh-OS laufenden Produkte erfolgte zunächst auf einem Power Macintosh 7100 AV. Es mußte jedoch im Verlauf des Tests wegen Kompatibilitätsproblemen der Windows-Emulation (die Emulationssoftware SoftWindows unterstützt nicht den erweiterten 386er-Modus) auf einen Siemens-Nixdorf PCD-4RA gewechselt werden. Auf diesem wurden die Produktfamilie *Lightship* sowie das zum Commander EIS gehörende *PRISM* getestet.

Folgende Testprobleme bei den Windows-Produkten traten wiederholt auf:

1.   Läuft Windows im Standard-Modus so stürzen Programme ohne verständliche Fehlermeldungen ab, falls sie den erweiterten Modus benötigen. Die Fehlermeldungen

lauten etwa „Exception Fault in …". Sie deuten nicht darauf hin, daß der erweiterte Modus benötigt wird. Auch weisen die Programme beim Öffnen nicht auf diese Voraussetzung zu ihrem fehlerfreien Ablaufen hin.

2. Bei der Installation auftretende Fehler werden dem Benutzer mitgeteilt, anschließend wird jedoch verkündet, die Installation sei problemlos verlaufen.

3. Weiter war es mehrfach nötig, manuell nach erfolgter Installation an der Autoexec.bat, oder der Config.sys Veränderungen vorzunehmen, um Fehler der Installation zu beseitigen.

Beispielhafte Modellbildung

Die Produkte sollten anhand von Umsatz und Deckungsbeitrag mit Hilfe einer ABC-Analyse untersucht werden. Es zeigte sich jedoch, daß sie konzeptionell so unterschiedlich waren, daß die Modellbildung für den Test zwar hilfreich war, aber selbst keine grundlegenden Erkenntnisse bezüglich der Effizienz der Modellbildung hervorbrachte. So ergab sich, daß keines der Produkte über eine ABC-Analyse verfügte; eine Sortierfunktion besaßen nur *Forest&Trees* sowie *Commander EIS*. Außerdem konnten wichtige Merkmale, wie die Datenanbindung, aufgrund der hohen Anforderungen an software- und hardwaretechnische Ausstattung nur unzureichend getestet werden.

Auf eine Darstellung der beispielhaften Modellbildung wird deshalb verzichtet.

4.4 Beschreibung der Produkte

Tabellenübersichten können nicht alle Aspekte der Entwicklungsumgebungen wiedergeben. Der Eindruck vom Produkt, der sich durch den Test ergeben hat, läßt sich am besten in Worten ausdrücken. Oft haben Produkte ähnliche, aber nicht gleiche Funktionalitäten, deren Unterschiede durch das Beantworten der Frage „Ist die Eigenschaft vorhanden?" nicht ausreichend deutlich würden. Deshalb wurden in der Auswertungsdatenbank jeweils drei Spalten geführt, eine für Ja/Nein-Aussagen, eine für Werte, und eine zur Beschreibung mittels Text.

Zusätzlich sollen im folgenden die Produkte beschrieben werden. Für eine detailliertere Beschreibung muß jedoch auf Anhang 7.4 verwiesen werden, hier soll nur ein kurzer Überblick gegeben werden. Defizite, die allen Produkten gemein sind, werden im Abschnitt 5.1 angesprochen.

Commander 4.02 für Windows

Commander ist ein FIS für das elektronische Berichtswesen, das über das separate Modellentwicklungswerkzeug PRISM auch Modelle darzustellen imstande ist. Es verfügt über eine fertige, erweiter- und anpaßbare Endbenutzeroberfläche, die die Entwicklung von Applikationen standardisiert und damit vereinfacht. Die Endbenutzeroberfläche hat eine breite Funktionsvielfalt: mit ihr können Berechnungen durchgeführt, Grafiken erstellt, externe Informationen angesehen und FIS-Sichten mit Notizen versehen, zur Wiedervorlage gespeichert und per elektronischer Post versandt werden.

Commander ist auf einfache Bedienung sowohl für Endbenutzer als auch für Entwickler ausgelegt (vgl. Oberfläche, hierbei auch die Einschränkungen).

Commander gibt dem Benutzer das Gefühl, vieles selbst in der Hand zu haben. Tatsächlich können eine Vielzahl von Anpassungen und Aktionen durch den Benutzer selbst durchgeführt werden. Dies kann die Akzeptanz der FIS steigern und ist damit ein wesentlicher Erfolgsfaktor für ein erfolgreiches FIS-Projekt.

Der Zugriff auf externe Informationen ist in seiner Form einmalig für die getesteten FIS. Er ermöglicht die vom Benutzer durch Filter gesteuerte, automatisierte Informationssuche im *Dow Jones News Retrieval System*. Auch andere Funktionen wie das Versenden von FIS-Darstellungen als elektronische Post oder das Anlegen von Erinnerungen können über Defizite bei der Flexibilität und der Oberfläche hinweghelfen.

macControl II 3.4 für Macintosh und PowerMacintosh

macControl ist ein leistungsfähiges, flexibles, multidimensionales Modellentwicklungswerkzeug. Es bietet die Möglichkeit, auf einfache Weise eigene, ansprechende FIS-Applikationen zu erzeugen.

Die Einbindung von externen Informationen wird vom Produkt nicht unterstützt. Es läßt sich an individuelle Bedürfnisse nicht anpassen (z. B. keine individuellen Exception-Einstellungen) und unterstützt keine elektronische Post.

Das Produkt bietet eine flexible Grundlage zur Modellierung von aussagekräftigen, Modellen, die über ein elektronisches Berichtswesen weit hinausgehen. Die Entwicklung ist jedoch zum Teil durch fehlende vordefinierte Endbenutzerwerkzeuge und -oberflächen eingeschränkt bzw. erschwert. Weiterverarbeitungsmöglichkeiten durch den Benutzer in Form von Versendung der Modellsichten als elektronische Post oder die Anbindung an externe Informationen fehlen bislang.

Lightship 3.3 für Windows Familie

Lightship ist ein FIS zur Endbenutzer-Gestaltung eines elektronischen Berichtswesens. *Light-*

ship 3.3 fungiert darüber hinaus als FIS-Frontend für die DSS' LS *Server* und LS *Modeller*. Mit Hilfe von LS *Modeller* können auch eigene, mehrdimensionale Endbenutzermodelle entwickelt werden.

Navigator ist eine vorgefertigte Endbenutzer-geeignete Lightship-Datei, die Lighship-Server-Modelle darstellen kann. Sie kann über Parameter an individuelle Bedürfnisse angepaßt werden.

Lightship ist ein umfangreiches Programmpaket. Es ist ein mächtiges Werkzeug, welches bezüglich seiner Oberfläche und Flexibilität jedoch noch einige Schwächen hat.

Lightship ist das einzige Produkt im Test, welches in der Lage war, „Wenn-Dann"- und „How-to-achieve"-Fragestellungen zu analysieren. Auch hier zeigten sich jedoch Schwächen in der Oberfläche: Es war nicht möglich, in weiteren Analysedurchgängen einzelne Analysebedingungen zu ändern. Vielmehr mußten die Output- und Input-Größen erneut festgelegt werden.

Forest&Trees 3.1 für Windows

Forest & Trees arbeitet mit einem fast als endbenutzertauglich zu bezeichnenden Datenabfragewerkzeug. Aus den aus Abfragen erzeugten *Views* lassen sich zum Beispiel mit Hilfe von Kreuztabellen Daten konsolidieren, so daß *Information-Trees* entstehen. Diese können mit Hilfe der automatisch erscheinenden *Drill-Down-* und *Drill-Up*-Knöpfe durchwandert werden.

Die Erstellung eines elektronischen Berichtswesens ist auf einfache Art möglich, ein Hin- und Herschalten zwischen unterschiedlichen Sichten ist jedoch nur über vordefinierte Wege möglich.

Dadurch, daß Forest&Trees ein besonders benutzerfreundliches Abfragewerkzeug zur Verfügung stellt, kommt es ohne separate Modellbildung über Modellvariablen aus. Das Problem der unverständlichen Tabellenbezeichnungen von Standardsoftware à la R/3 bei der Datenabfrage wird dadurch jedoch leider nicht umgangen, da ein Tabellennamenumsetzer nicht mitgeliefert wird. Für Endbenutzer ist die Datenabfrage deshalb nicht etabliert. Dies führt dazu, daß diese wegen der fehlenden Modellbildung nur starre Sichten auf die Unternehmensdaten erhalten.

Wenn auch in Bezug auf die Oberfläche noch einige Verbesserungen zu empfehlen sind (z. B. Cut&Paste), so ist es doch vor allem die Einfachheit der Benutzung, die einen entscheidenden Fortschritt des Forest&Trees-Konzepts ausmacht.

Die fehlende Einbindung von externen Informationen, Groupware wie Electronic Mail sowie die fehlende Mehrbenutzertauglichkeit wirken vor allem für große FIS-Projekte sicherlich stark einschränkend.

4.5 Gesamtbewertung anhand der Testdaten

Es folgt beispielhaft die Gesamtbewertung der Produkte aus dem Blickwinkel, der durch die Konzepte in Abschnitt 3.2 vorgestellt wurde. Als Ergebnis erhält man den Gesamtnutzen. Es handelt sich hierbei um einen relativen Nutzen. Er kann ins Verhältnis zu den Kosten des FIS-Projektes gesetzt werden. So können die Produkte anhand ihrer relativen Kosten-Nutzen-Verhältnisse verglichen werden.

Tab. 16: Gesamtbewertung der getesteten Produkte

	Gewicht	macControl	Commander	Forest & Trees	Lightship
Dokumentation	20%	3,0	3,4	2,8	2,5
Support	55%	0,0	0,0	0,0	0,0
Technische Merkmale	25%	2,9	4,1	3,2	2,8
Anbieter- & Produktin-formationen	**15%**	**1,3**	**1,7**	**1,4**	**1,2**
Anpassungsmöglichkeiten	20%	5,0	5,0	5,0	5,0
Effizienzkriterien	20%	3,4	2,4	2,5	2,3
Externe Datenbanken	10%	1,0	5,0	1,0	1,0
Grafiktypen	10%	5,0	3,9	3,3	3,5
Präsentation	10%	3,0	3,3	3,3	2,9
Quantitativer Funktions-umfang	20%	5,0	4,0	3,0	4,0
Sprache	10%	4,5	1,0	1,3	1,0
Benutzungsoberfläche	**10%**	**4,0**	**3,6**	**3,0**	**3,1**
Analysemethoden	20%	2,3	1,9	1,6	1,6
Bewertungsmethoden	20%	1,6	2,0	1,6	1,9
Entscheidungstechniken	10%	1,0	1,0	1,0	1,0
Finanzmathematische Me-thoden	5%	3,6	2,9	1,8	3,1
Planungsmethoden	10%	1,8	1,8	1,0	1,8

Prognosemethoden	10%	1,0	1,6	1,0	2,3
Quantitativer Funktions- umfang	5%	3,8	3,4	3,0	2,4
Statistische Funktionen	10%	2,4	1,7	1,3	3,5
Vergleichsmethoden	10%	1,0	1,0	1,0	1,8
Betriebswirtschaftliche Merkmale	**20%**	**1,9**	**1,8**	**1,4**	**2,0**
Abfragetechnik	20%	2,9	3,0	3,8	2,8
Benötigte Zusatzprodukte	10%	2,5	1,8	1,4	1,8
Datenaktualisierung	20%	3,5	4,3	4,3	3,5
Datenexportformate	5%	3,8	3,8	4,4	1,0
Datenimportformate	5%	1,7	3,5	3,5	3,3
Externe Datenbanken	10%	1,0	3,5	1,0	1,0
Grundsatz	15%	5,0	5,0	5,0	3,0
Unterstützte Datenban- ken	15%	3,6	3,6	3,3	2,8
Datenanbindung	**10%**	**3,2**	**3,6**	**3,5**	**2,6**
Effizienzkriterien	20%	5,0	5,0	3,5	5,0
Grundsatzkriterien	20%	4,6	3,8	3,0	3,9
Konsistenz	20%	2,4	1,9	1,7	2,5
Lokal	20%	3,6	2,4	1,7	1,7
Server	20%	1,8	1,9	1,5	1,7
Datenhaltung	**10%**	**3,5**	**3,0**	**2,3**	**3,0**
Dokumentation	10%	2,3	2,8	3,0	2,2
Effizienzkriterien	30%	2,6	2,8	2,9	2,2
Komponenten	20%	3,0	3,0	2,7	3,1
Modellbildung	20%	3,8	2,6	2,4	2,6

Modellsprache	20%	3,2	3,3	2,2	3,3
Entwicklungsumgebung	**10%**	**3,0**	**2,9**	**2,6**	**2,7**
Bürofunktionen	60%	2,0	2,2	2,5	3,1
Groupware	20%	1,0	2,8	1,0	1,9
Grundsatz	20%	2,0	5,0	1,0	1,0
Integration von Std.-Anwendungen	**5%**	**1,8**	**2,9**	**1,9**	**2,4**
Anpassungsmöglichkeiten	40%	1,3	2,8	1,9	1,5
Bürofunktionen	20%	1,0	2,8	3,8	1,0
Externe Datenbanken	20%	1,0	5,0	1,0	1,0
Modellbildung	20%	1,4	3,6	2,1	1,9
PIM/Individualisierbarkeit	**15%**	**1,2**	**3,4**	**2,1**	**1,4**
	100%	2,8	3,2	2,5	2,2
Sicherheit	**5%**	**2,8**	**3,2**	**2,5**	**2,2**
Summe	**100%**	**2,4**	**2,7**	**2,2**	**2,2**

Die Gesamtergebnisse lassen sich wie folgt deuten:

Commander EIS liegt aufgrund seines umfassenden Funktionsumfangs und des hohen Maßes an Standardisierung vorne, hat jedoch in Punkto Flexibilität und Oberfläche deutliche Schwächen.

Ähnliches gilt für Lightship, es hat aber eine stärker Windows-konforme Oberfläche. Dafür ist es zu einem geringeren Maß standardisiert als Commander EIS.

Forest & Trees schneidet wegen seine großen Einfachheit der Benutzung und seiner Flexibilität gut ab. Es fehlen ihm jedoch die Modellbildung und betriebswirtschaftliche Methoden.

macControl zeigt seine Stärken in der Oberfläche und bezüglich der Flexibilität. Es ist jedoch relativ aufwendig, mit diesem Produkt Modelle zu erstellen, da kaum Standard-Methoden und Oberflächen angeboten werden.

Allen Produkten gemein ist eine ausgeprägte Schwäche im Bereich der betriebswirtschaftlichen Methoden.

4.6 Klassifikation

In diesem Abschnitt werden die getesteten Produkte einer Untersuchung nach bestimmten Kriterien unterzogen. Hierbei wird von den multidimensionalen Möglichkeiten der Auswertungsdatenbank Gebrauch gemacht. Merkmalsgruppen wie zum Beispiel Flexibilität, Standardisierung, Software-Technologie und FIS-typische Funktionen sind neben der Klassen- und Gruppenbildung weitere Dimensionen der Test-Datenbank.

4.6.1 Nach Vorstrukturiertheit/Grad der Endbenutzerstandardisierung vs. Flexibilität

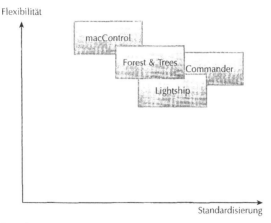

Abb. 20: Einordnung der getesteten Produkte nach Standardisierung und Flexibilität

Hinsichtlich der Orientierung der Entwicklungsumgebungen in Richtung Standardsoftware und Flexibilität lassen sich die Produkte entsprechend Abb. 20 einteilen. Die Flexibilität ist u. a. dafür verantwortlich, inwieweit Prototyping möglich ist.

Abbildung 20 zeigt die Einordnung der getesteten Produkte nach Standardisierung und Flexibilität. Commander und Lightship merkt man ihre frühere Host-Orientierung nach wie vor an. Sie sind moderneren, reinen PC-Lösungen in Punkto Flexibilität unterlegen. Bezüglich des Funktionsumfanges und der Standardisierung jedoch liegen sie vorne. Dies läßt sich schon alleine dadurch erklären, daß etablierte, große Firmen wie Comshare und Pilot mehr *Manpower* haben, um umfangreiche Standard-Endbenutzer-FIS vorzumodellieren, die nur noch einen kleinen Anpassungsprozeß, die *Adaption*, benötigen. Auch sie sind jedoch von einem Standardsoftware-FIS noch relativ weit entfernt.

Tabelle 17 zeigt die Punktzahlen, die die Produkte für ihre Flexibilität erreichten. Wie oben bereits erläutert, ist eine hohe Flexibilität für eine prototypische Entwicklung Voraussetzung.

Tab. 17: Ergebnisse des Tests in Bezug auf die Flexibilität

	Flexibilität [Punkte]	Flexibilität [Bewertung]
macControl	653	3,57
Forest&Trees	567	3,10
Commander	545	2,98
Lightship	512	2,80

4.6.2 Nach Problemlösungsphase

Entsprechend der in Abschnitt 3.2.1.1.3 vorgestellten Phasen des Entscheidungsprozesses wird hier zunächst theoretisch zwischen Berichtswesen, Modellierung und Zusatzfunktionen wie PIM, Groupware, Anmerkungen etc. unterschieden (vgl. Tab. 18). Im folgenden werden die getesteten Produkte der gleichen Analyse unterzogen (vgl. Tab. 19). Auf die Phasen Entscheidung und Realisierung wird nicht eingegangen, da sie nicht unterstützt werden können, wie bereits in Tab. 18 deutlich wurde.

Tab. 18 Einteilung von FIS-Komponenten nach Unterstützung der Problemlösung in unterschiedlichen Phasen

Phase des Entscheidungsprozesses ↓	Berichtswesen	Modellierung	PIM, Groupware, Anmerkungen etc.
Problemidentifizierung	mittel, da Beschränkung auf bestimmte Informationen	gut	mittel
Informationssammlung	mittel bis schlecht	gut bei umfassendem Modell	gut
Alternativenbildung	schlecht	gut	schlecht
Alternativenbewertung	schlecht	gut	schlecht
Entscheidung	schlecht, Entscheidung trifft Benutzer	schlecht, Entscheidung trifft Benutzer	schlecht, Entscheidung trifft Benutzer
Realisation	nicht möglich	nicht möglich	nicht möglich

Kontrolle	gut, jedoch Beschränkung auf Berichtsdaten	gut, jedoch Beschränkung auf Modelldaten	mittel

Tab. 19: Einteilung von FIS nach Unterstützung der Problemlösung in unterschiedlichen Phasen

↓ Phase des Entscheidungsprozesses	macControl	Commander	Forest & Trees	Lightship
Problemidentifizierung	mittel bis gut, Exception-Reporting umständlich	gut, jedoch Modellbildung durch 9 Dimensionen unzureichend	mittel, da keine Modellierung möglich, jedoch einfache Erstellung von Abfragen	gut
Informationssammlung	gut	mittel, da Beschränkung auf 9 Modell-Dimensionen	mittel, da keine Modellierung möglich, jedoch einfache Erstellung von Abfragen	gut
Alternativenbildung	gut	mittel, Benutzer kann eigene Berechnungen durchführen	schlecht, nur Berichtsfunktionen	recht gut mit Modeller; der Endbenutzer kann How-To-Achieve-Fragestellungen analysieren
Alternativenbewertung	schlecht, Methoden fehlen vielfach	schlecht, Methoden fehlen vielfach	schlecht, Methoden fehlen vielfach	schlecht, Methoden fehlen vielfach
Kontrolle	mittel bis gut, Exceptions-Reporting umständlich	mittel bis gut, jedoch Beschränkung auf Modelldaten	mittel, da keine Modellierung möglich, jedoch einfache Erstellung von Abfragen	gut

4.6.3 Nach Umfang der Problemlösungskompetenz und der Präsentationsorientierung

Analog der Einteilung in DSS und FIS im engeren Sinne können FIS hinsichtlich ihrer Benutzer- und Modellorientierung unterschieden werden. Abb. 21 zeigt die Einordnung der vier getesteten Produkte. Während Forest & Trees eine konsistente, einfach zu benutzende Oberfläche aufweist, aber die Modellierungskomponente wegen der fehlenden mehrdimensionalen Modellierung relativ einfach ist, zeichnet sich macControl durch eine leistungsfähige Modellierung aus. Commander hingegen kommt dem Benutzer über eine weitgehende Individualisierbarkeit,

Annotationsmöglichkeiten, Filter (für externe Daten) und eine sehr benutzerfreundliche Oberfläche entgegen. Der Benutzer kann selbst Grafiken erstellen und Berechnungen durchführen. Lightship ist in etwa zwischen macControl und Commander anzusiedeln. Eine Ausnahme sei jedoch bemerkt: Lightship ist das einzige Programm im Test, das es dem Benutzer ermöglicht, How-To-Achieve-Analysen durchzuführen.

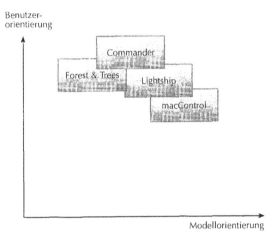

Abb. 21: Führungsinformationssysteme nach Modell- und Benutzerorientierung

4.6.4 Nach weiteren Kriterien

In Tabelle 20 ist die Qualität der Unterstützung von FIS-typischen Funktionen sowie die Software-Technologie der FIS-Entwicklungsumgebungen dargestellt.

In bezug auf die **Unterstützung von Standards** ergab sich ein einheitliches Bild. macControl und Forest & Trees errangen 2,6 Punkte, Commander und Lightship 2,7 Punkte.

Weiterhin kann klassifiziert werden nach Eignung für große bzw. kleine Firmen. So mag die Unterstützung von PC-Datenbanken (z. B. bei Forest & Trees) zumindest bei fehlender Unterstützung größerer betriebswirtschaftlicher Anwendungssoftware (z. B. R/3, welches z. B. unter Oracle auf größeren Rechnern läuft) darauf hindeuten, daß kleinere Unternehmen die Zielgruppe sind.

Tab. 20: FIS-typische Funktionen und Software-Technologie

	FIS-typische Funktionen	Software-Technologie
macControl	1,9	1,7

Forest&Trees	3,1	2,6
Commander	2,9	2,0
Lightship	1,8	2,6

Weitere Möglichkeiten zur Klassifikation ergeben sich, wenn man die Testmerkmale in der Datenbank nach neuen Kriterien gruppiert.

5 Resümee

5.1 Defizite bestehender FIS

Externe Informationen. Wie oben dargestellt und aufgrund verstärkten Wettbewerbs sowie neuer Integrationskonzepte (vgl. [PICO91]), ist die Einbindung von externen Informationen von großer Wichtigkeit. Hier ist noch viel Arbeit zu leisten. Die zu einem großen Teil sehr benutzerunfreundlichen On-Line-Dienste und Datenbanken müssen in zukünftige FIS eingebunden werden. Dabei ist mittels Standardisierung oder zunächst durch Befehlsumsetzer ein einheitlicher Zugriff auf die mit unterschiedlicher Abfragesyntax ausgestatteten On-Line-Datenbanken zu ermöglichen. Textdatenbanken sollten über *semantische* Benutzerfilter abgefragt werden. Außerdem müßte durch geeignete Informationssysteme über Datenbank*inhalte* das Problem der Datenbankauswahl abgeschwächt oder sogar beseitigt werden. Im Test zeigte sich, daß lediglich das Produkt Commander EIS 4.02 entsprechende Funktionen vorweisen kann.

Interne Information. Der Zugriff auf große interne Datenbestände – etwa auf die der betriebswirtschaftlichen Softwarebibliotheken-Standard-Software TRITON oder R/3 – ist aufgrund der zum Teil kryptischen Tabellenbezeichnungen weder Endbenutzern noch Entwicklern mit auf dem Markt verfügbaren FIS zuzumuten. Benötigt werden semantische Zugriffsgeneratoren (Tabellennamenumsetzer), die eine Umsetzung der Tabellenbezeichnungen in verständliche Ausdrücke wie Umsatz, Geschäftsbereich o. ä. vornehmen und eine grafische Abfrageerstellung ermöglichen.

Betriebswirtschaftliche Modellierung. Es fehlt immer noch eine betriebswirtschaftliche Modellierung, die sich der anerkannten Methoden dieser Wissenschaft bedient. Stattdessen werden mathematisch-statistische Funktionen angeboten, so daß eine betriebswirtschaftliche Modellierung zwar möglich, d. h. man kann vorgegebene Auswertungen und Analysen programmieren, jedoch nicht direkt unterstützt wird. Wie schon erwähnt, könnte durch die zunehmende Verwendung von betriebswirtschaftlichen Methoden in FIS eine Vereinheitlichung betriebswirtschaftlicher Konzepte erreicht werden, eine Meinung die sich auch bei WÖHE finden läßt (vgl. [WÖHE93], S. 250).

Individualisierbarkeit. Viele Produkte nehmen zu wenig Rücksicht darauf, daß Manager ausgeprägte Vorstellungen davon haben, wie sie arbeiten möchten. Es ist möglich, bei der Programmierung auf die Bedürfnisse eines bestimmten Managers Rücksicht zu nehmen. Da FIS jedoch üblicherweise für mehrere Manager entwickelt werden, würde dies bedeuten, daß für jeden Manager eine eigene Version erstellt werden müßte, was viel Aufwand mit sich bringt. Beispielsweise unterstützen die Benutzerverwaltungen vieler FIS-Entwicklungsumgebungen die Verwaltung von individuellen Ausnahme-Tabellen nicht. Von den getesteten Produkten war nur *Commander EIS* in der Lage, eine Auswertung über die Benutzungshäufigkeit unterschiedlicher Teile des FIS zu erstellen.

Integration von Standardprogrammen. Eine Verwendung von Standardprogrammen ist unerläßlich, weil dadurch gewährleistet werden kann, daß Benutzer das für sie geeignete Programm auswählen können. Außerdem können FIS-Anbieter aufgrund des großen Funktionalitätsspektrums und beschränkter interner Kapazitäten nicht alle denkbaren Zusatzfunktionen in ihr FIS durch Eigenprogrammierung integrieren. Die Programme *macControl* und *Lightship* unterstützen den Aufruf von Standardprogrammen aus dem FIS heraus. Eine direkte Unterstützung erfuhr jedoch nur das Standardprogramm *Lotus Notes* durch *Lightship*. DDE-Datenaustausch unterstützen bereits viele Produkte.

Benutzeroberfläche. Trotz aller Verbesserungen, die auf diesem Gebiet gemacht wurden, sind weiterhin Defizite festzustellen. Die bestehenden Systeme wurden häufig noch nicht vollständig auf die einheitliche Standard-Oberfläche Windows umgestellt, was ausschließlich die IBM-kompatiblen Systeme betrifft. So sind die Funktionen zur Textbearbeitung in Commander nicht Windows-konform, auch fehlt in vielen Systemen ein ständig verfügbarer Undo-Menüpunkt.

Betriebssysteme. Auch wenn auf den Test der Betriebssysteme (vgl. Abschnitt 3) verzichtet wurde, so ist nach dem Test festzustellen, daß das Windows-Betriebssystem zuweilen für Fehler verantwortlich war. Das Auffinden von Dateien über Pfade beispielsweise macht es kompliziert, FIS-Applikationen in der Verzeichnisstruktur zu verschieben oder gar auf einen anderen Rechner zu kopieren. Das Macintosh-OS hat dieses Problem nicht, es verwaltet die Verzeichnisstruktur mit allen Bezügen zentral und automatisch, Suchpfade müssen nicht manuell in zentralen Dateien (z. B. Autoexec.bat und *.ini-Dateien) geändert werden und Bezüge zwischen Programmen und Dateien werden automatisch hergestellt.

Das Betriebssystem kann erheblichen Einfluß auf die Möglichkeiten der Anwendungsprogramme haben, wenn es Funktionen bereitstellt (etwa über Betriebssystem-Bibliotheken wie DLL's und ASLM), die sonst von jedem Entwickler selber programmiert werden müßten. Aber nicht nur die funktional-technologische Ausstattung hat ihre Bedeutung. Auch die Verbreitung des Betriebssystems spielt eine wichtige Rolle. Je größer sie ist, desto größer ist der Anwendungssoftwaremarkt und umso stärker folglich das Interesse der Softwareentwickler, für diesen Markt zu entwickeln. Dies gilt natürlich nur unter Annahme der ceteris-paribus-Bedingung.

Dies ist eine gewagte Annahme, wie folgendes Beispiel verdeutlichen mag: Pro einem Macintosh wird etwa doppelt so viel Software-Umsatz gemacht wie pro einem Windows-PC (vgl. [LOHS94], S. 25). Die Verbreitung des Macintosh braucht also nur halb so groß wie die der Windows-PC's zu sein, damit der Software-Umsatz in beiden Märkten gleich groß ist. Weiterhin muß die Höhe des Entwicklungsaufwandes (d. h. inwieweit leistungsfähige Software-Entwicklungswerkezuge zur Verfügung stehen) herangezogen werden, da Softwarefirmen das Verhältnis zwischen Aufwand und Ertrag bei der Softwareentwicklung auf unterschiedlichen Märkten vergleichen werden.

5.2 FIS-Modellierung als Komponente betriebswirtschaftlicher Standardsoftware

Die Erstellung von FIS-Applikationen ist bislang aufwendig. In Zukunft könnten sämtliche betriebswirtschaftliche Methoden sowie die Modelle standardisiert sein, so daß nur noch ein Anpassungs-Vorgang (*Customizing*) zur Errichtung eines Individualsoftware-FIS notwendig wäre. Dieser würde die aufwendige Datenanbindung über Tabellennamenumsetzer einschließen. Beim Produkt *Commander EIS* war eine Tendenz zur Standardisierung der Oberfläche bereits erkennbar.

Problematisch erscheint weiter, daß Standard-Softwarepakete wie R/3 bereits Komponenten ihrer Software (Unternehmensplanung, Kostenrechnung, etc.) anbieten, die für Management-Aufgaben gedacht ist. Die in dieser Arbeit vorgestellte Integration der FIS, das „*Downsizing*" der FIS in Richtung auf die Unterstützung bei Fachaufgaben, und die Aufgabe der Beschränkung auf die oberste Führungsebene führen dazu, daß FIS und Komponenten von Standardsoftware wie z. B. die Unternehmensplanung integriert werden müssen. Was bleiben sollte, sind differenzierte Zugriffsrechte, damit über die Informationsrationierung Informationszugriffe ausgeschlossen werden, die für die Erfüllung der Aufgaben überflüssig, ja hemmend sind.

Im Unterschied zu der bestehenden Methodik der Konsolidierung in betriebswirtschaftlichen Standard-Softwarepaketen über Konsolidierungstabellen ist zu fordern, daß hierfür OLAP oder ein ähnliches multidimensionales Konzept Berücksichtigung findet. Die Gründe sind in Teil 2.2.2 dargestellt. Wichtig ist vor allem, daß keine Beschränkung im Umfang des multidimensionalen Modells bestehen, so daß eine Integration von FIS und bisherigen Nicht-FIS-Komponenten (z. B. Unternehmensplanung) ermöglicht wird. Dann könnten auch Planzahlen vom FIS in die Unternehmensdatenbank geschrieben werden bzw. nur im betriebswirtschaftlichen Unternehmensmodell gespeichert werden. Die Funktionsweise ist so, daß alle Bereiche auf ein multidimensionales Modell zugreifen und lediglich einzelne

Dimensionen über Zugriffssperren weggeschnitten werden. Auf dem Weg vom unteren Management bis zum Top-Management werden nach und nach die Zugriffssperren aufgehoben. Eine redundante Datenhaltung in Konsolidierungstabellen des RDBMS und dem betriebswirtschaftlichen Modell würde insoweit entfallen.

Inwieweit es gelingt, alle Konsolidierungs-Aspekte der Unternehmensdatenbank in das Modell zu integrieren, muß die Praxis zeigen. Allein schon der Umfang, den ein multidimensionales OLAP-konformes Unternehmensmodell haben müßte, legt es nahe, daß adaptierbare Standardsoftwarepakete mit einem vordefinierten Modell angeboten werden. Diese könnten Bestandteil betriebswirtschaftlicher Standardsoftware sein, müßten es jedoch nicht.

Ungeklärt bleibt hier, wie die CODD'schen Grundsätze Nr. 4 und 7 („Consistant Reporting Performance" und „Dynamic Sparse Matrix Handling" (vgl. [CODD94], S. 13, 15)) umgesetzt werden und wie sich die Performance von umfangreichen Modellen ist.

5.3 Perspektiven

Eine hervorragende Ergänzung zu diesem Test und der empirischen Untersuchung von ZANGER U. A. wäre eine Befragung der Anwender, Informationsmanager und Entwickler zu den FIS-Entwicklungsumgebungen, mit denen sie arbeiten. Eine Befragung von Personen, die sich mit FIS beschäftigen, ist sicherlich um einiges aufschlußreicher für mögliche Diskrepanzen zwischen Ansprüchen an und Merkmalen von FIS als die Befragung von Personen, die vielleicht noch nie ein FIS gesehen haben. Die Entwickler von FIS-Entwicklungsumgebungen wären so in der Lage, ein Feedback über ihrer Arbeit zu bekommen.

Bezüglich der Klassifikation von Informationssystemen zur Unterstützung von Führungskräften wurde festgehalten, daß die historische Trennung zwischen MIS, DSS und FIS immer mehr schwindet. Klassische DSS wie die Gruppe der Tabellenkalkulationsprogramme bringen FIS zunehmend in Bedrängnis, da Mehrdimensionalität, Datenanbindung und angepaßte Oberflächen kein Tabu für sie sind. Die These, DSS und FIS würden in den nächsten 2-3 Jahren verschmelzen (vgl. [WATT94], S. 189), erscheint bis auf den etwas engen Zeithorizont plausibel. Den Weg zu adaptierbaren Standardwerkzeugen, die einerseits vordefinierte Schnittstellen und Übergänge zu betriebswirtschaftlicher Standardsoftware bereitstellen und andererseits umfangreiche und flexible Methodenbibliotheken bereithalten, gehen sie jedoch nicht. Hier könnten Produkte wie Commander – abgesehen von der Integration von Mail und externen Informationsdiensten wie Dow Jones – einiges an Boden gewinnen.

In der Zukunft sind wenige, sich etablierende, Standards zu erwarten, die es ermöglichen werden, Anwendungen auf immer einfachere Weise mit zunehmendem Integrationsgrad zu erstellen. Als Beispiel hierfür mag die Vereinbarung von Microsoft und Apple gelten, ihre Standards ODBC und DAL zu vereinheitlichen (vgl. [NN93B], S. 1). Die Wichtigkeit von Standards unterstreichen auch Untersuchungen wie die von BUXMANN und KÖNIG (vgl. [BUXM94]).

Das Konzept der Steuerung von Programmen sowohl lokal als auch im Netzwerk über eine Makrosprache (z. B. *AppleScript*) sowie das in der Entwicklung befindliche Architekturkonzept *OpenDoc* als Standards zur Integration frei wählbarer Programmteilfunktionalitäten werden möglicherweise in der Zukunft in der Lage sein, die für ein FIS erforderliche Integration von unterschiedlichen Diensten und Funktionen in ein persönliches, flexibles Informationssystem mit einheitlicher Oberfläche zu ermöglichen (vgl. [TENH94], [NN94a]). Schritte in diese Richtung sind bereits unternommen worden. Bei MÜLLER-WÜNSCH wird die Integration mehrerer FIS (CA. Compete, Commander, Forest&Trees sowie Kappa-PC 2.0) in ein Gesamtkonzept beschrieben (vgl. [MÜLL93]).

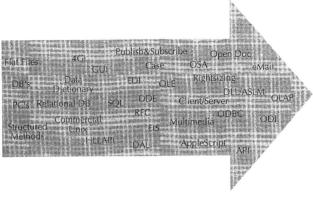

Abb. 22: Evolution von Standards und Technologien der Informationsverarbeitung (vgl. auch [M$_{AIE}$93], S. 143).

Einen weiteren Schritt in diese Richtung geht das Gemeinschaftsunternehmen von Apple, IBM und Hewlett Packard „*Taligent*". Das erste objektorientierte, plattformübergreifende PC-Betriebssystem wird die Integration unterschiedlicher Anwendungskomponenten ermöglichen. In ähnlicher Weise wie *OpenDoc* ermöglicht es, benötigte Funktionen über das einfache Zusammenstellen von Objekten zu integrieren. Im Gegensatz zu *OpenDoc* findet dieser Prozeß auf Betriebssystem-Ebene statt. Die Software-Wartung wird dadurch erheblich vereinfacht: Will der Anwender dem Betriebssystem neue Textbearbeitungsfähigkeiten hinzufügen, so tauscht er das Modul *Textverarbeitungsfähigkeit* gegen ein leistungsfähigeres aus. Nun können alle Anwendungen, die auf diesem Modul aufsetzen, ohne Anpassung die neue Funktionalität der

Textbearbeitung nutzen (vgl. auch [MÜHR94], S. 214f; [NN94B]; für weitere Informationen vgl. auch [KNÜF94]). Für den Anwender, der sich für ein bestimmtes Textverarbeitungs-, ein Grafik- und ein Tabellenkalkulationsmodul entschieden hat, wird der *Umgang einfacher*, trotz *gestiegener Funktionalität* (eigentlich ein Paradoxon), weil er bei allen Anwendungen das gleiche Modul für eine bestimmte Tätigkeit verwenden kann (er muß nicht mehrere Textbearbeitungsarten unterschiedlicher Programme kennenlernen); dieses eine Modul kann aber das leistungsfähigste sein (vgl. [NN94A], S. 6).

Im Zuge der Bildung strategischer Allianzen wird die Kontrolle und Frühindikation sich auch auf die Allianz-Partner ausdehnen müssen, da mit zunehmender Vernetzung (und damit auch Abhängigkeit) die Auswirkungen von Problemen bei Partnern auf das eigene Unternehmen zunehmend größer werden. Es wird also der Wunsch entstehen, sich Informationen über den Partner zu beschaffen (auf operationaler Ebene z. B. über den Produktionsstand von bestellten Waren oder vorab über die Lieferbereitschaft/Lagerbestand). Hier werden neue Anforderungen an die Organisation des Zugriffes auf Daten der Allianz-Partner entstehen. PICOT und REICHWALD fragen bereits: „Auflösung der Unternehmung? Vom Einfluß der IuK-Technik auf Organisationsstrukturen und Kooperationsformen." (vgl. [PICO94]).

Weiterhin bleibt festzuhalten, daß es kein in jeder Hinsicht perfektes FIS gibt und es auch in Zukunft keines geben wird. „Bessere" FIS's können vielleicht durch das sanfte Zusammenschmelzen von Applikations-Bausteinen entwickelt werden. Dann könnten sie modular erweitert und den Bedürfnissen der Benutzer angepaßt werden. Dies ergäbe also ein Standard-Software-FIS, das mit Hilfe von *Customizing Tools* angepaßt werden kann.

Selbstverständlich wird es jedoch immer Möglichkeiten geben, FIS-Systeme weiter zu verbessern. Gerade die vielleicht anspruchsvollsten Benutzer überhaupt, die Führungskräfte, werden darüber keinen Zweifel aufkommen lassen.

6 Verzeichnisse

6.1 Stichworte

6.2 Abkürzungen

Informationssysteme

BDV   Basisdatenverarbeitung

CIS   Chefinformationssystem

DSS   *Decision* Support System **oder** *Data* Support System

EDP   *Elementary* Data Processing **oder** *Electronic* Data Processing

EIS   Executive Information System

ESS   Executive Support System

EUDA   End-User Data Access

EUS   Entscheidungsunterstützungssystem

FIS   Führungsinformationssystem

GDSS   Group Decision Support System

IS   Informationssystem

IT   Informationstechnologie

MIS   Managementinformationssystem (deutsch) **oder** Management Information System (englisch)

MSS   Management Support System

MUS   Managementunterstützungssystem

OIS   Operatives Informationssystem

SDSS   spezielles Decision Support System

TPS   Transaction Processing System

VIS   *Vorstands*informationssystem **oder** *Vertriebs*informationssystem

Standards

API   Application Programming Interface

ASLM   Apple Shared Library Manager

DAL   Data Access Language, Apple Computer GmbH

DDE   Dynamic Data Exchange

DLL   Dynamic Link Library

HLLAPI   High Level Language Application Programming Interface

IDAPI   Integrated Database Application Programming Interface

ODBC   Open Database Connectivity Technology, Microsoft GmbH

ODI   Open Datalink Interface

OLAP   On-Line Analytical Processing

OSA   Open Scripting Architecture

RFC   Remote Function Calls

SQL   Structured Query Language

Literatur

HWO   Handwörterbuch der Organisation

ZfB   Zeitschrift für Betriebswirtschaft

ZfbF   Zeitschrift für betriebswirtschaftliche Forschung

ZfO   Zeitschrift für Organisation

weitere Abkürzungen

CAP   Computer Aided Planning

CAS   Computer Aided Selling

CSF   Critical Success Factors

DFÜ   Datenfernübertragung

EM   electronic mail, elektronische Post

ES   Expertensystem

GUI   Graphical User Interface

IuK   Informations- und Kommunikationstechnik

IV   Informationsverarbeitung

KAIZEN japan. „verbessern", zu deutsch KVP

KEF   Kritische Erfolgsfaktoren

KI   Künstliche Intelligenz

KVP   Kontinuierlicher Verbesserungsprozeß

OR   Operations Research

PDA   Personal Digital Assistant

PIM   Persönliches Informations-Management

RDBMS Relationales Datenbank Management System

SDS   Structured Decision Systems

6.3 Abbildungen

6.4 Tabellen

6.5 Literatur

[ACKO67]   Ackoff, Russell L.: Management Misinformation Systems. In: Management Science 14 (1967) 4, S. 147-156.

[ACKO74]   Ackoff, Russell L.: Management-Misinformations-Systeme. Übersetzter Abdruck aus [Acko67]. In: Grochla, Erwin (Hrsg.): Management. Econ, Düsseldorf 1974, S. 370-381.

[AL-A92]   Al-Ani, Ayad: Die Bedeutung von Executive Information Systems für die betrieblichen Prozesse. In: Die Unternehmung 35 (1992) 2, S. 101-110.

[ANTH65]   Anthony, Robert N.: Planning and Control Systems - A Framework for Analysis. Harvard, Boston 1965.

[BACK90C]   Back-Hock, Andrea: Personal Information Management Systeme. In: Datenverarbeitung, Steuer Wirtschaft Recht – DSWR 19 (1990) 11, S. 271-273.

[BALZ82]   Balzert, Helmut: Die Entwicklung von Software-Systemen. Prinzipien, Methoden, Sprachen, Werkzeuge. In: Böhling, K. H.; Kulisch, U.; Maurer, H. (Hrsg.): Reihe Informatik/34. Bibliographisches Institut, Mannheim u. a. 1982.

[BERT92]   Berthel, Jürgen: Informationsbedarf. In: Frese, Erich (Hrsg.): Handwörterbuch der Organisation. 3. Auflage, Poeschel, Stuttgart 1992, Sp. 872-885.

[BITZ90]   Bitz, Michael u. a.: Vahlens Kompendium der Betriebswirtschaftslehre, Band 2. 2. Auflage, Vahlen, München 1990.

[BROD88]   Brody, Herb: Computers Invade the Executive Suite. In: High Technology Busniness 8 (1988) 2, S. 41-45.

[BULL92]   Bullinger, Hans-Jörg; Friedrich, Rainer; Koll, Peter: Managementinformationssysteme (MIS). In: Office Management 40 (1992) 11, S. 6-18.

[BUXM94]   Buxmann, Peter; König, Wolfgang: Ein Entscheidungsmodell zur Bewertung von Investitionen in Standards – dargestellt am Beispiel von ISO-Standards und CCITT-Empfehlungen für eine offene Datenkommunikation. In: Wirtschaftsinformatik 36 (1994) 3, S. 252-267.

[CHAN92]   Channel Computing, Inc.: Forest & Trees Reference Guide. Channel Computing, Inc., Portsmouth 1992.

[CODD94]   Codd, E. F.: OLAP (On-Lin Analytical Processing) with TM/1. E. F. Codd & Associates, 1994.

[COMS93]   Comshare, Inc. (Hrsg.): Commander PRISM Reference Manual. Comshare, Inc., Ann Arbor, MI 1993.

[CURT89]   Curth, Michael A.; Weiß, Bernd: PC-gestützte Managementtechniken. 2. Auflage, Oldenbourg, München 1989.

[DAUM93]   Daum, Jürgen H.: Die Entwicklung von Führungsinformationssystemen (Executive Information Systems) zu einem integrierten Bestandteil eines modernen Unternehmenscontrollings. In: DV-Management 1 (1993) 3, S. 129-137.

[DAVI89]   Davis, Stephen: Can Stand-Alone EISs Stand Up? A handful of novel, micro-based programs, loosely referred to as hypertext, are beeing used by IS and non-

IS developers to change the look of a few high-profile executive information systems. But will they keep excutive users satisfied? In: DATAMATION 35 (1989) July 1, S. 41-44.

[DERN94A]   Dernbach, Christoph: Schöne neue E-Welt. In: MacUp 10 (1994) 12, S. 138-142.

[DIN 88]   DIN 66 234 Teil 8: Bildschirmarbeitsplätze. Grundsätze ergonomischer Dialoggestaltung. Beuth, Köln 1988.

[DRUC74]   Drucker, Peter F.: Neue Management-Praxis. Band 2. Econ, Düsseldorf, Wien 1974.

[EVER93]   Evers, Carsten; Oecking, Georg F.: Auswahl eines geeigneten Führungsinformationssystems. Marktanalyse und firmenspezifisches Anforderungsprofil. In: Controlling 5 (1993) 4, S. 214-218.

[FRIE93]   Friedrich, Rainer; Koll, Peter: MIS: Regeln zur Auswahl. In: online 31 (1993) 1, S. 40-41.

[FRIN90]   Frings, Willy: CIS: Flexibilität durch „kooperative Datenverarbeitung". In: Computer Magazin 19 (1990) 3/4, S. 28-29.

[GILL94]   Gillan, Claire: Information Access Tools: 1994 Worldwide Markets and Trends. In: IDC (Hrsg.): Studienreihe „Applications and Information Access". IDC, Framingham 1994.

[GORR71]   Gorry, Anthony C.; Scott Morton, Michael S.: A Framework for Management Information Systems. In: Sloan Management Review 13 (1971) 1, S. 55-70.

[GORR74]   Gorry, Anthony C.; Scott Morton, Michael S.: A Framework for Management Information Systems. Abdruck aus: Sloan Management Review 13 (1971) 1, S. 55-70. In: Grochla, Erwin (Hrsg.): Management. Econ, Düsseldorf und Wien 1974, S. 350-369.

[GRON93]   Gronau, N.; Schindelbeck, J.: Marktanalyse: Einsatz von Managementunterstützungssystemen in der Produktion. In: Krallmann, Hermann (Hrsg.): Arbeitsberichte des Fachgebietes Systemanalyse und EDV, Bericht RAP/5/93. Technische Universität Berlin, Fachbereich Informatik, Berlin 1993.

[GROT76]   Grotz-Martin, S.: Informations-Qualität, und Informations-Akzeptanz in Entscheidungsprozessen. Saarbrücken, 1976.

[GUTE62]   Gutenberg, Erich: Unternehmensführung: Organisation und Entscheidungen. Gabler, Wiesbaden 1962.

[HAAS93]   Haas, Peter A.: Planung mit Excel. iwt, Vaterstetten 1993.

[HAUS83]   Hauschildt, Jürgen u. a. (Hrsg.): Entscheidungen der Geschäftsführung. Mohr, Tübingen 1983.

[HIAM92]   Hiam, Alexander: Pocket Guide Management. Entscheidungsinstrumente für Führungskräfte. Moderne Industrie, Landsberg a. L. Moderne Industrie, Landsberg a. L. 1992.

[HICH92A]   Hichert, Rolf; Moritz, Michael: Informationen für Manager – Von der Datenfülle zum praxisnahen Management-Informationssystem. In: Hichert, Rolf; Moritz, Michael (Hrsg.): Management-Informationssysteme. Praktische Anwendungen. Springer, Heidelberg 1992, S. 101-115.

[HICH92]   Hichert, Rolf; Moritz, Michael (Hrsg.): Management-Informationssysteme: Praktische Anwendungen. Springer, Berlin u. a. 1992.

[HOCH92]   Hoch, Detlev: Voraussetzungen für die erfolgreiche Implementierung moderner Management-Informationssysteme. In: Hichert, Rolf; Moritz, Michael (Hrsg.): Management-Informationssysteme. Praktische Anwendungen. Springer, Heidelberg 1992, S. 117-126.

[HOLT92A]   Holtham, Clive: What top managers want from EIS in the 1990s. In: Holtham, Clive (Hrsg.): Executive information systems and decision support. Chapman & Hall, London u. a. 1992, S. 41-58.

[JAHN93]   Jahnke, Bernd: Einsatzkriterien, kritische Erfolgsfaktoren und Einführungsstrategien für Führungsinformationssysteme. In: Behme, Wolfgang; Schimmelpfeng, Katja (Hrsg.): Führungsinformationssysteme. Neue Entwicklungstendenzen im DV-gestützten Berichtswesen. Gabler, Wiesbaden 1993, S. 29-433.

[JONE94]   Jones, D. T.: The Lean Enterprise Benchmarking Project. In: Journal of Economics and Business 1 (1994) 3, S. 142.

[KEMP93]   Kemper, Hans-Georg; Ballensiefen, Georg: Der Auswahlprozeß von Werkzeugen zum Aufbau von Führungsinformationssystemen. – Ein Vorgehensmodell –. In: Behme, Wolfgang; Schimmelpfeng, Katja (Hrsg.): Führungsinformationssysteme. Neue Entwicklungstendenzen im DV-gestützten Berichtswesen. Gabler, Wiesbaden 1993, S. 17-26.

[KEUS93]   Keusch, Claudia: EIS-Entwicklungen im Spannungsfeld von Geschäftsprozessen, Unternehmensstrukturen und DV-Strukturen. In: DV-Management 1 (1993) 3, S. 121-127.

[KIEN91]   Kienbaum Unternehmensberatung GmbH: Executive Information Systems Bd. 2 – Auswahl von EIS-Produkten. Business Intelligence (Hrsg.), Düsseldorf 1991.

[KIRS77B]   Kirsch, Werner; Klein, Heinz: Management-Informationssysteme I. Wege zur Rationalisierung der Führung. Kohlhammer, Stuttgart 1977.

[KIRS77C]   Kirsch, Werner; Klein, Heinz: Management-Informationssysteme II. Auf dem Weg zu einem neuen Taylorismus? Kohlhammer, Stuttgart 1977.

[KLEI92]   Kleinhans, Andreas; Rüttler, Martin; Zahn, Erich: Management-Unterstützungssysteme – Eine vielfältige Begriffswelt. In: Hichert, Rolf; Moritz, Michael (Hrsg.): Management-Informationssysteme. Praktische Anwendungen. Springer, Heidelberg 1992, S. 1-14.

[KNÜF94]   Knüfer, Renate; Thiel, Monika: Apple Computer erwirbt die Rechte an der Entwicklungsumgebung Bedrock von Symantec. Apple Computer GmbH, München 1994.

[KOLL93]   Koll, Peter; Niemeier, Jürgen: Führungsinformationssysteme (FIS) - Ergebnisse einer Anwender- und Markstudie -. In: Bullinger, Hans-Jörg (Hrsg.): Führungsinformationssysteme (FIS) - Ergebnisse einer Anwender- und Markstudie -. FBO, Baden-Baden 1993.

[KRAL86]   Krallmann, Hermann; Rieger, Bodo: Fachgespräch Management Support Systems. In: Hommel, G; Schindler S. (Hrsg.): GI-16. Jahrestagung II. Springer, Berlin 1986, S. 311-323.

[KRAL87]   Krallmann, Hermann, Rieger, Bodo: Vom Decision Support System zum Executive Support System (ESS). In: Handbuch der modernen Datenverarbeitung (HMD) 24 (1987) 138, S. 28-38.

[KRUG93]   Krug, Reinhard: Kreativität ist gefordert. Grafisch aufbereitete Daten werden schneller verarbeitet. In: Computerwoche 20 (1993) 12, S. 117-119.

[LAUX91]   Laux, Helmut: Entscheidungstheorie. 1. Grundlagen. 2. Auflage, Springer, Berlin et al 1991.

[LOHS94]   Lohstöter, Frank P.: Apple-IBM-Deal. Krieg der Welten. In: MacUp 10 (1994) 12, S. 22-36.

[MAAß93]   Maaß, Susanne: Software-Ergonomie. Benutzer- und aufgabenorientierte Systemgestaltung. In: Informatik Spektrum 16 (1993) 4, S. 191-205.

[MAIE93]   Maier, Peter: Executive Information Systems – ein kommunikatives Führungsinstrument des globalen Konzerns. In: DV-Management 1 (1993) 3, S. 138-143.

[MCLE90]   McLeod, Raymond: Management information systems: a study of computer-based information systems. 4. Auflage, Macmillan, New York 1990.

[MILL89]   Miller, Robert: Executive information systems help you conduct your business. In: Today's Office 16 (1989) 4, S. 17-22.

[MINT72]   Mintzberg, Henry: The Myth of MIS. In: California Management Review 15 (1972) 2, S. 92-97.

[MINT73]   Mintzberg, Henry: The nature of managerial work. 1. Auflage, Harper & Row, New York 1973.

[MINT91]   Mintzberg, Henry: Mintzberg über Management. Führung und Organisation. Mythos und Realität. Gabler, Wiesbaden 1991.

[MÜHR94]   Mührke, Susanne: Betriebssysteme: Taligent. Das Lego-Prinzip. In: MacUp 10 (1994) 7, S. 212-216.

[MÜLL86]   Müller-Böling, Detlev: Akzeptanzfaktoren der Bürokommunikation. Oldenbourg, München 1986.

[MÜLL89]   Müller-Böling, Detlev: Zwischen Technikeuphorie und Tastaturphobie. Einstellungen deutscher Top-Manager zur Computerarbeit. In: Office Management 37 (1989) 4, S. 22-26.

[MÜLL90]   Müller-Böling, Detlev; Ramme, Iris: Informations- und Kommunikationstechniken für Führungskräfte. Top-Manager zwischen Technikeuphorie und Tastaturphobie. Oldenbourg, München 1990.

[MÜLL93]   Müller-Wünsch, Michael: Verteilte Führungsunterstützungssysteme mit hybriden Problemlösungsfähigkeiten. In: Krallmann, Hermann (Hrsg.): Arbeitsbericht des Fachgebietes Systemanalyse und EDV. TU Berlin, Fachbereich 20, Informatik, Berlin 1993.

[NN71]   NN: Der Neue Brockhaus. Band 3. 4. Auflage, F. A. Brockhaus, Wiesbaden 1971.

[NN84]   NN: Management-Enzyklopädie. Das Managementwissen unserer Zeit. Bd. 7 Mittlere Datentechnik-Publizität. 2. Auflage, Moderne Industrie, Landsberg am Lech 1984.

[NN87]   NN: Regieren mit dem Rechner. In: highTech 16 (1987) 5, S. 148-152.

[NN88A]   NN: Gablers Wirtschaftslexikon. 12. Auflage, Gabler, Wiesbaden 1988.

[NN89]   NN: Von Managern und Mäusen. In: manager magazin 19 (1989) 10, S. 232-255.

[NN90A]   NN: Brockhaus Enzyklopädie. Band 12. F. A. Brockhaus, Mannheim 1990.

[NN90]   NN: Chefinformationssysteme: Scheu vor dem Computer. Abstinente Vorstände. Führungskräfte greifen lieber zu Papier als in die Tasten. Dabei haben neue Chefinformationssysteme einiges zu bieten. In: Wirtschaftswoche 44 (1990) 12, S. 89-94.

[NN93A]   NN: Marktübersicht: EIS-Systeme. In: PC Woche 8 (1993) 40, S. 12-13.

[NN93B]   NN: Data Access Language. Apple Computer GmbH, München 1993.

[NN93]   NN: Knaurs Lexikon von A bis Z. Macintosh-Version. Droemersche Verlangsanstalt, Th. Knaur Nachfolger, München, Zürich 1993.

[NN94A]   NN: OpenDoc. Shaping Tomorrow's Software. White Paper. Apple Computer GmbH, Cupertino 1994.

[NN94B]   NN: Taligent Overview. Taligent, Inc., Cupertino 1994.

[NN94C]   NN: Building Object-Oriented Framworks. Taligent, Inc., Cupertino 1994.

[NOMI94]   Nomina (Hrsg.): ISIS Personal Computer Report, Band 2.1 Nomina, München 1994.

[PFOH81]   Pfohl, Hans-Christian; Braun, Günther E.: Entscheidungstheorie. Normative und deskriptive Grundlagen des Entscheidens. Moderne Industrie, Landsberg am Lech 1981.

[PICO90A] Picot, Arnold: Der Produktionsfaktor Information in der Unternehmensführung. In: IM Information Management 5 (1990) 1, S. 6-14.

[PICO90C] Picot, Arnold: Organisation. In: Bitz, Michael u. a. (Hrsg.): Vahlens Kompendium der Betriebswirtschaftslehre, Band 2. 2. Auflage, Vahlen, München 1990, S. 99-163.

[PICO91]   Picot, Arnold: Ein neuer Ansatz zur Gestaltung der Leistungstiefe. In: ZfbF 61 (1991) 4, S. 336-358.

[PICO92]   Picot, Arnold; Franck, Egon: Computergestützte Informationssysteme. In: Frese, Erich (Hrsg.): Handwörterbuch der Organisation. 3. Auflage, Poeschel, Stuttgart 1992, Sp. 923-936.

[PICO94]   Picot, Arnold; Reichwald, Ralf: Auflösung der Unternehmung? Vom Einfluß der IuK-Technik auf Organisationsstrukturen und Kooperationsformen. In: ZfB 64 (1994) 5, S. 547-570.

[PILO92A] Pilot Software, Inc. (Hrsg.): LightShip Lens™ User's Guide. Version 3.2. Pilot Software, Inc., Boston 1992.

[PILO92]   Pilot Software, Inc. (Hrsg.): Learning LightShip Lens™. Pilot Software, Inc., Boston 1992.

[PILO93A] Pilot Software, Inc. (Hrsg.): LightShip Server™: Navigator User's Guide. Version 2.0.0. Pilot Software, Inc., Boston 1993.

[PILO93B] Pilot Software, Inc. (Hrsg.): LightShip Server™: User's Guide. Version 2.0.0. Pilot Software, Inc., Boston 1993.

[PILO93C]   Pilot Software, Inc. (Hrsg.): Lightship™ User's Guide. Version 3.3.0. Pilot Software, Inc., Boston 1993.

[PILO93]   Pilot Software, Inc. (Hrsg.): Learning LightShip. Tutorial. Pilot Software, Inc., Boston 1993.

[PILO94A]   Pilot Software, Inc. (Hrsg.): Lightship Modeller™. Statistics and Forecasting Supplement. Version 1.0.0 Pilot Software, Inc., Boston 1994.

[PILO94]   Pilot Software, Inc. (Hrsg.): LightShip Modeler™: User's Guide. Version 1.0.0 Pilot Software, Inc., Boston 1994.

[PORT86]   Porter, Michael E.; Millar, Victor E.: Wettbewerbsvorteile durch Information. In: HARVARDmanager 8 (1986) 1, S. 26-35.

[RECH94]   Rechkemmer, Kuno: Topmanager endlich on-line? In: HARVARD BUSINESS manager 16 (1994) 1, S. 26-31.

[RIEG90]   Rieger, Bodo: Vergleich ausgewählter EIS-Generatoren. In: Wirtschaftsinformatik 32 (1990) 6, S. 503-518.

[ROCK88]   Rockart, John F.; De Long, David W.: Executive Support Systems. The Emergence of Top Management Computer Use. Dow Jones-Irwin, Homewood 1988.

[ROSE93]   Rosenhagen, Klaus: Pilotstudie zur Analyse des Informationsbedarfs von Führungskräften. In: Institut für Wirtschaftsinformatik, Universität Hannover (Hrsg.): Arbeitspapier 93-06-01. Institut für Wirtschaftsinformatik, Universität Hannover, Hannover 1993.

[SAUB94]   Saubach, Heimo: Aktuelle Firmendaten auf Knopfdruck verfügbar. In: PC Magazin 7 (1994) 22, S. 44-45.

[SCHI90]   Schildbach, Thomas: Entscheidung. In: Bitz, Michael u. a. (Hrsg.): Vahlens Kompendium der Betriebswirtschaftslehre, Band 2. 2. Auflage, Vahlen, München 1990, S. 59-97.

[SCHN92]   Schneider-Winden, Kurt: Industrielle Planungstechniken. Eine Einführung. VDI, Düsseldorf 1992.

[SCHR93]   Schräer, Roland: Wettbewerbsdruck zwingt Anwender zum EIS-Einsatz. In: Computerwoche 20 (1993) 12, S. 101-103.

[SKIE94]   Skiera, Bernd; Albers, Sönke: COSTA: Ein Entscheidungsunterstützungssystem zur deckungsbeitragsmaximalen Einteilung von Verkaufsgebieten. In: ZfB 64 (1994) 10, S. 1261-1283.

[STAH89]   Stahlknecht, Peter: Einführung in die Wirtschaftsinformatik. Springer, Berlin et al. 1989.

[STÄH92]   Stähli, Albert: Die »Excellence« fördern. In: InnoVatio 8 (1992) 2, S. 30-33.

[TENH94]   Tenhaven, Benedikt: OpenDoc vs. OLE 2.0. In: MacUp 10 (1994) 7, S. 20-28.

[THOM90]   Thome, Rainer: Wirtschaftliche Informationsverarbeitung. Vahlen, München 1990.

[VOGE93]   Vogel, Christoph; Wagner, Hans-Peter: Executive Information Systems. Ergebnisse einer empirischen Untersuchung zur organisatorischen Gestaltung. In: zfo 62 (1993) 1, S. 26-33.

[WAGN92]   Wagner, Hans-Peter: EIS/Teil V (Schluß): Der Markt gibt einiges her. Eine Nische
             mit Zukunft. In: Die Computer Zeitung 23 (1992) 3, S. 14.

[WAGN93B]   Wagner, Hans-Peter: Platzhirsche müssen um ihre Pfründe fürchten. Boomen-
             der MIS-Markt lockt Softwaregrößen wie SAP an. In: Die Computer Zeitung 24
             (1993) 7, S. 24.

[WATT94]   Watterson, Kareen: The changing world of EIS. In: BYTE 19 (1994) 6, S. 183-
             193.

[WIET92]   Wieth, Bernd-D.: Informationen im Entscheidungsprozeß. In: Hichert, Rolf;
             Moritz, Michael (Hrsg.): Management-Informationssysteme. Praktische An-
             wendungen. Springer, Heidelberg 1992, S. 47-57.

[WILL93]   Williams, Gregg: Why 1994 Will Be Like 1984. OpenDoc will Change the Macin-
             tosh ... and More. Nachdruck aus Apple Directions. Apple Computer GmbH,
             Cupertino 1993.

[WITT80]   Wittmann, Waldemar: Information. In: Grochla, Erwin (Hrsg.): Handwörter-
             buch der Organisation. 2. Auflage, Poeschel, Stuttgart 1980, Sp. 894-904.

[WITT92]   Witte, Eberhard: Entscheidungsprozesse. In: Frese, Erich (Hrsg.): Handwörter-
             buch der Organisation. 3. Auflage, Poeschel, Stuttgart 1992, Sp. 552-565.

[WÜRT93]   Würth, Reinhold: Führung und Organisation von international ausgerichteten
             Wertschöpfungspartnern. Adolf Würth GmbH & Co. KG, Künzelsau 1993.

[WÜRT94]   Würth, Reinhold: Schaffung strategischer Wettbewerbsvorteile in sich wan-
             delnder Welt. Schriftliches Manuskript zum Vortrag an der Bayerischen Julius-
             Maximilians-Universität Würzburg am 20.01.1994. Adolf Würth GmbH & Co.
             KG, Künzelsau 1994.

[ZANG90]   Zangl, H.: Wirtschaftlichkeitsnachweis beim Einsatz von Standardsoftware. In:
             Österle, Hubert (Hrsg.): Integrierte Standardanwendungssoftware. Entschei-
             dungshilfen für die Praxis, Bd. 2, Auswahl, Einführung und Betrieb von Stan-
             dardssoftware. Verlag, Halbermoos 1990, S. 93-124.

[ZANG94]   Zanger, Cornelia; Baier, Gundolf; Bierschenk, Ramona: Computereinsatz zur
             Entscheidungsunterstützung für Führungskräfte. Arbeitspapiere des DFG-
             Projektes „EUKLID", Aachen 1994.

6.6 Weiterführende Literatur

[ARMS90B]   Armstrong, David: The People Factor in EIS Success. In: DATAMATION 36
             (1990) 7, S. 73-75, 78-79.

[AWAD88]   Awad, Elias Michael: Management information systems: concepts, structure
             and applications. Benjamin/Cummings, Menlo Park 1988.

[BACK90A]   Back-Hock, Andrea; Rieger Bodo: Executive Informations Systems (EIS). In:
             Mertens Peter, u. a. (Hrsg.): Lexikon der Wirtschaftsinformatik. 2. Auflage,
             Springer, Berlin/Heidelberg 1990, S. 172-173.

[BEHM93]   Behme, Wolfgang; Schimmelpfeng, Katja (Hrsg.): Führungsinformationssy-
             steme. Neue Entwicklungstendenzen im EDV-gestützten Berichtswesen.
             Gabler, Wiesbaden 1993.

[CHEN93]   Chen, Jianyi; Geitner, Uwe W.: PPS-Marktübersicht 1993 – 129 Standardsoft-
             ware-Produkte im Vergleich. In: Fortschrittliche Betriebsführung und Industrial
             Engineering 42 (1993) 2, S. 52-64.

[DAHL86]   Dahlberg, Ingetraut: Klassifikation als Werkzeug der Lehre und Forschung. In: Gesellschaft für Klassifikation e. V. (Hrsg.): Studien zur Klassifikation; 16. Indeks-Verlag, Frankfurt 1986.

[DERN94]   Dernbach, Christoph: Alles word fetter. Textverarbeitung Word 6.0. In: MacUp 10 (1994) 10, S. 174-180.

[FICH93]   Fichte, Ulrich; Boschatzke, Wolfgang: Pakete für Banken im Vergleich. In: Banking & Finance JJ (1993) 2, S. 66-67.

[GEMÜ83]   Gemünden, Hans Georg: Führungsentscheidungen: Eine Realtypologie. In: Hauschildt, Jürgen et al. (Hrsg.): Entscheidungen der Geschäftsführung. Mohr, Tübingen 1983, S. 24-102.

[GRIE87]   Griese, Joachim; Obelode G.; Schmitz, P.; Seibt, D.: Ergebnisse des Arbeitskreises 'Wirtschaftlichkeit in der Informationsverarbeitung'. In: ZfbF 57 (1987) HEFTNR, S. 515-551.

[HAAK92]   Haaks, Peter: Anpaßbare Informationssysteme. Auf dem Weg zu aufgaben- und benutzerorientierter Systemgestaltung und Funktionalität. Verlag für angewandte Psychologie, Mannheim 1992.

[HAUS83]   Hauschildt, Jürgen: Die Effizienz von Führungsentscheidungen und ihre Ursachen. In: Hauschildt, Jürgen et al. (Hrsg.): Entscheidungen der Geschäftsführung. Mohr, Tübingen 1983, S. 211-261.

[HOLT92]   Holtham, Clive: Executive information systems and decision support. Chapman & Hall, London u. a. 1992.

[HORV87]   Horváth, Péter: Grundprobleme der Wirtschaftlichkeitsanalyse beim Einsatz neuer Informations- und Produktionstechnologien. In: Horváth, Péter (Hrsg.): Wirtschaftlichkeit neuer Informations- und Produktionstechnologien. Poeschel, Stuttgart 1987.

[HORV93]   Horváth, Péter (Hrsg.): Vahlens großes Controllinglexikon. Beck u. a., München 1993.

[HORV94]   Horváth, Péter: Online-Recherche: neue Wege zum Wissen der Welt. Eine praktische Anleitung zur effizienten Nutzung von Online-Datenbanken. Vieweg, Braunschweig u. a. 1994.

[KOCH91]   Koch, M., Reiterer, H. Toja, A. M.: Software-Ergonomie. Gestaltung von EDV-Systemen – Kriterien, Methoden und Werkzeuge. Springer, Wien, New York 1991.

[KRAL92]   Krallmann, Hermann; Pake, Jörg; Rieger, Bodo: Rechnergestützte Werkzeuge für das Management. Grundlagen, Methoden, Anwendungen. Erich Schmidt, Berlin/Bielefeld/München 1992.

[LISK85]   Liskar, Elisabeth: Probleme und Methoden der Klassifizierung. Bühlau, Wien u. a. 1985.

[MINT80]   Mintzberg, Henry: The nature of managerial work. 2. Auflage, Englewood, New York 1980.

[MINT94]   Mintzberg, Henry: The rise and fall of strategic planning. Prentice-Hall, New York 1994.

[NN92A]   NN: Gablers Wirtschaftslexikon. 13. Auflage, Gabler, Wiesbaden 1992.

[PALL90A]   Paller, Alan: The EIS Book. Dow Jones-Irwin, New York 1990.

[PFEI94]   Pfeiffer, Werner; Weiss, Enno; Volz, Thomas: Begriff und Prinzipien des Lean Management. In: Datenverarbeitung, Steuer Wirtschaft Recht – DSWR 24 (1994) 1-2, S. 3-9.

[PIEP91]   Pieper, Rüdiger (Hrsg.): Lexikon Management. Gabler, Wiesbaden 1991.

[RABL90]   Rabl, Klaus: Strukturierung strategischer Planungsprozesse. Gabler, Wiesbaden 1990.

[RÖHM73]   Röhmheld, D.: Informationssysteme und Management-Funktionen. Verlag unbekannt, Wiesbaden 1973.

[SCHO92]   Scholz, Christian: Organisatorische Effektivität und Effizienz. In: Frese, Erich (Hrsg.): Handwörterbuch der Organisation. 3. Auflage, Poeschel, Stuttgart 1992, Sp. 533-552.

[SCHU95]   Schuster, Iris: Mehr als Notizen. In: MacUp 11 (1995) 1, S. 20-28.

[WALL90]   Wallau, Siegfried: Akzeptanz betrieblicher Informationssysteme: eine empirische Untersuchung. Lehrstuhl für Wirtschaftsinformatik der Universität Tübingen, Tübingen 1990.

Erklärung

Ich erkläre, daß ich die vorliegende Arbeit selbständig verfaßt, keine anderen als die angegebenen Quellen und Hilfsmittel benutzt und die diesen Quellen und Hilfsmitteln wörtlich oder sinngemäß entnommenen Ausführungen als solche kenntlich gemacht habe.

Würzburg, den 25. März 1999

(Christoph Zeile)

7 Anhang

7.1 Katalog aller getesteten Merkmale der FIS-Entwicklungsprodukte am Beispiel von macControl

Inhalt

macControl II 3.4

Merkmal	Gewicht	Wert	ja/ nein	Notiz	Bewertg.	Σ

1 Anbieter- & Produktinformationen

1.1 Dokumentation

Merkmal	Gewicht	Wert	ja/nein	Notiz	Bewertg.	Σ
Dokumentation für EIS-Entwickler	5		✔	Aufbau als Befehlsnachschlagwerk. Leider keine deutsche Bezeichnungen für englische Funktionsbezeichnungen (etwa Kapitalwert: NPV)	3	15
Beispielanwendungen	5		✔	Bankenbeispiel	2	10
Dokumentation für EIS-Benutzer	3		✔	Stand im Test nicht zu Verfügung, lt. Aussage des Herstellers vorhanden	1	3
Installationsleitfaden	2		✔		5	10
Index	2		✔		2	4
Befehlsnachschlagwerk	5		✔	Befehle nur unter englischer Bezeichnung eingetragen	4	20
Glossar	2		✔		2	4
On-Line Hilfe für EIS-Entwickler	5		✔		5	25
Kontextbezogene On-Line Hilfe für EIS-Entwickler	5		✔	Aktive Hilfe	5	25
On-Line Hilfe für EIS-Benutzer	4		O	programmierbar über freie Felder	1	4
Kontextbezogene On-Line Hilfe für EIS-Benutzer	4		O	programmierbar über freie Felder	1	4
Liste mit möglichen Fehlermeldungen	4		O		1	4
Tutorial in Dokumentation	4		✔		4	16
Dokumentation in deutscher Sprache	4		✔		5	20

1.2 Preise [DM]

Merkmal	Gewicht	Wert	ja/nein	Notiz		
Einzelplatzlizenz	5	10.000,-				
Netzwerklizenz ≤ 5 Benutzer	5	25.000,-				
Netzwerklizenz ≤ 10 Benutzer	5	35.000,-				
Netzwerklizenz ≤ 50 Benutzer	5	150.000,-				
Jahresumsatz Schulungen	3			keine Angabe		
Jahresumsatz FIS Produkte	4	1.750.000,-		keine Angabe; Schätzung über Lizenzen (500 jeweils à 10 Benutzer, d. h. 50x35.000,-)		
Umsatz FIS-Produkte im Jahr 1994	4			keine Angabe		
sonstige Aufpreise	5			keine Angabe		
Schulungskosten/Tag	5			nach Vereinbarung		
Beratungsleistungskosten/Tag	5	1.800,-		1.400,- bis 2.400,-		

1.3 Support

Merkmal	Gewicht	Wert	ja/nein	Notiz		
Anzahl Distributor-Niederlassungen in der BRD	4	1				
Kundenzeitschrift	4		O			
Markteintritt	2			1989		
Anzahl verkaufter Lizenzen je Produkt insgesamt	5	1500				

✔ = Funktion vorhanden, O = Funktion nicht vorhanden

macControl II 3.4

Merkmal	Gewicht	Wert	ja/nein	Notiz	Bewertg.	Σ
Anzahl verkaufter Lizenzen in den letzten 12 Monaten	3	500				
Referenzkunden (Die 5 wichtigsten)	3			Bayer, Stork, Tetra Pak, Süd-Chemie AG, Kaufring AG		
Benutzerkonferenzen	3		○			
Anwender und Entwicklerschulung durch Anbieter	4		✔			
Unterstützung bei der Prototypenerstellung durch Anbieter	4		✔			
Anzahl Mitarbeiter Support/Hotline	4			24 Mitarbeiter für Support/Hotline und Schulung		
Anzahl Mitarbeiter Schulung	3			24 Mitarbeiter für Support/Hotline und Schulung		
Hersteller	4			Breitschwerdt und Partner		
Anzahl Herstellerniederlassungen	4	1				
Distributor/Beratungsunternehmen	4	4				
Konzernzugehörigkeit Hersteller	3			keine		
Vertriebsbüros weltweit	2	2				
Vertriebsbüros Europaweit	2	1				
Vertriebsbüros Bundesweit	5	1				
Anzahl Mitarbeiter Weiterentwicklung	5	10				
Zur-Verfügung-Stellen des Produkts durch den Hersteller	3		✔			

1.4 Technische Merkmale

Merkmal	Gewicht	Wert	ja/nein	Notiz	Bewertg.	Σ
Stabilität (Abstürze/Probleme im Test)	5			Sehr stabil, es war jedoch durch Verwendung von mehr als 55 Modelldimensionen zum Absturz zu bringen. Manchmal jedoch wurden auch beispielsweise 60 Dimensionen akzeptiert.	5	25
Installationsdauer [Minuten]	1		✔		5	5
Programmgröße [MB]	2	2			5	10
Arbeitsspeicherbedarf [MB]	2	3,5			5	10
Platzbedarf auf der Festplatte bei Maximalinstallation [MB]	1	3,7		außer Bankenbeispiel keine Beispieldateien mitgeliefert; Programm mit Hilfe-Datei und Bankenbeispiel benötigt 3,7 MB	5	5
Installationsprogramm	1		○	wird nicht benötigt	5	5
Verwendung der Oberfläche des Betriebssystems	5		✔		5	25
Bibliotheken	5		○		1	5
Portierbarkeit/Dateikompatibilität/ Modellkompatibilität	4	-	○	Multiplattformverfügbarkeit für 1995 angekündigt	1	4
Macintosh OS	4		✔		5	20
MS Windows 3.x	5		○	Angekündigt für 1995	1	5
OS/2	3		○	Angekündigt für 1995	1	3
Konversionsprogramme für Portierung erforderlich	4		○	Portierung noch nicht möglich	1	4
Next Step	3		○		1	3

✔ = Funktion vorhanden, ○ = Funktion nicht vorhanden

macControl II 3.4

Merkmal	Gewicht	Wert	ja/nein	Notiz	Bewertg.	Σ
Weitere unterstützte Betriebssysteme	4		○		1	4

✔ = Funktion vorhanden, ○ = Funktion nicht vorhanden

macControl II 3.4

Merkmal	Gewicht	Wert	ja/ nein	Notiz	Bewertg.	⟩

2 Benutzungsoberfläche

2.1 Anpassungsmöglichkeiten

Merkmal	Gewicht	Wert	ja/nein	Notiz	Bewertg.	⟩
Anfängermodus/Benutzermodus	5		✔	EIS-Benutzer	5	25
Expertenmodus/Entwicklermodus	5		✔	Entwicklungsumgebung	5	25

2.2 Effizienzkriterien

Merkmal	Gewicht	Wert	ja/nein	Notiz	Bewertg.	⟩
Undo in FIS implementierbar	5		○		1	5
Datengesteuerte (dynamische) Grafiken	5		✔		5	25
Statische Grafiken	2		✔		5	10
Grafiken sind skalierbar	5		✔		5	25
Unterschiedliche Skalierungen für Grafikachsen (logarithmisch, linear)	3		✔		5	15
Grafiken sind beschriftbar	2		✔		4	8
Grafiktypen sind miteinander kombinierbar	3		✔	freie Kombination von Typen	5	15
Undo in Entwicklungsumgebung	5		✔		5	25
Anklicken auf Grafikelemente zeigt Zusatzinformation	5		✔	bei Portfoliografiken Detailinformation, bei anderen Grafiken Beschriftung	5	25
Suchfunktion	5		○		1	5
direkte Manipulation von Daten in Grafiken durch den Benutzer z. B. für Was-Wäre-Wenn-Fragestellungen	5		○		1	5
Sprachsteuerung	5		○		1	5

2.3 Externe Datenbanken

Merkmal	Gewicht	Wert	ja/nein	Notiz	Bewertg.	⟩
Integration externer Datenbasen unter einheitlicher Oberfläche	5		○		1	5

2.4 Grafiktypen

Merkmal	Gewicht	Wert	ja/nein	Notiz	Bewertg.	⟩
3-D-Grafiken	4		✔		5	20
Balkendiagramme	4		✔		5	20
Flächendiagramme	4		✔		5	20
freie Flächen, z. B. für Landkarten und Bezirke zur Anwahl von Modellkomponenten	5		✔		5	25
Kreisdiagramme	4		✔		5	20
Liniendiagramme	4		✔		5	20
Punktogramme	4		✔		5	20
Säulendiagramme	4		✔		5	20
Portfolidiagramme	5		✔		5	25
Kurvenanpassungen	5		○		1	5

✔ = Funktion vorhanden, ○ = Funktion nicht vorhanden

macControl II 3.4

Merkmal	Gewicht	Wert	ja/ nein	Notiz	Bewertg.	Σ

2.5 Präsentation

Merkmal	Gewicht	Wert	ja/nein	Notiz	Bewertg.	Σ
Grafische Benutzeroberfläche (GUI)	5		✔		5	25
Drill-Down Funktion	5		✔		4	20
Benutzeroberfläche ist für alle Betriebssysteme gleich	5		○	noch nicht auf mehreren Plattformen verfügbar	1	5
Hervorhebung von Veränderungen auf dem Bildschirm (Anzeige von Notizen, Mail, Ausnahmen etc.)	5		○	Programmierbar	1	5
Elektronisches Berichtswesen	5		✔	im Rahmen von Modellen	5	25
Tabellen	5		✔		5	25
Integration von Animationen/Filmen	3		○		1	3
Veränderung von Modellwerten (z. b. im Rahmen von Was-Wäre-Wenn-Betrachtungen) durch den Benutzer	5		✔	Benutzer muß höhere Zugriffsrechte als „EIS-Benutzer" haben	3	15
Anzeige der vorauss. Dauer der Aktualisierung von Daten aus der Datenbasis oder bei Berechnungen	4		○		1	4

2.6 Quantitativer Funktionsumfang

Merkmal	Gewicht	Wert	ja/nein	Notiz	Bewertg.	Σ
Anzahl Grafiktypen	3	46	✔	Anzahl ohne Kombinationsmöglichkeiten	5	15

2.7 Sprache

Merkmal	Gewicht	Wert	ja/nein	Notiz	Bewertg.	Σ
Sprache der Modellprogrammierung	3			Englisch	3	9
Sprache der Benutzeroberfläche	5			Deutsch, nach Programmierung	5	25
Sprache der Entwicklungsumgebung	3			Deutsch, Englisch	5	15

✔ = Funktion vorhanden, ○ = Funktion nicht vorhanden

macControl II 3.4

Merkmal	Gewicht	Wert	ja/ nein	Notiz	Bewertg.	⅀

3 Betriebswirtschaftliche Merkmale

3.1 Analysemethoden

Merkmal	Gewicht	Wert	ja/nein	Notiz	Bewertg.	⅀
How-To-Achieve	5		◯		1	5
Ausnahme-Berichtswesen (Exception Reporting)	5		◯	kann programmiert werden	2	10
Konsolidierungsrechnung	4		✔	über Zuordnungen	3	12
Zirkelbezüge	5		◯	Fehlermeldung „Memory"	1	5
Kreuztabellen	5		◯		1	5
What-If-Analysen	5		✔		1	5
ABC-Analyse	3		◯		1	3
Bilanzanalyse	3		◯		1	3
Automatische Benachrichtigung über Abweichungen der Ist- von den Sollzahlen über ein bestimmtes Maß (Exception Reporting)	5		◯		1	5
Optimierungsrechnungen	5		◯	programmierbar	3	15
Break-Even-Analyse	4		◯	programmierbar	3	12
Erfolgsanalyse	4		◯	programmierbar	3	12
Sensitivitätsanalyse	3		◯	programmierbar	3	9
Abweichungsanalyse	5		◯	programmierbar	3	15
Risikoanalyse	4		◯		1	4
XYZ-Analyse	4		◯		1	4
Soll-Ist-Vergleich	4		✔		5	20
Kennzahlenanalyse	3		◯	programmierbar	3	9
Konkurrenzanalyse	5		◯	programmierbar	3	15
Portfolioanalyse	5		✔	Portfolio-Diagramm	5	25
Währungseinfluß	3		◯	programmierbar	3	9
Inflationseinfluß	3		◯	programmierbar	3	9
Kennzahlensystem nach ZVEI	3		◯	programmierbar	3	9
Kennzahlensystem nach Du Pont	3		◯	programmierbar	3	9

3.2 Bewertungsmethoden

Merkmal	Gewicht	Wert	ja/nein	Notiz	Bewertg.	⅀
Dynamische Investitionsrechnung	4		◯		1	4
Wertanalyse	4		◯		1	4
Kosten-/Nutzenanalyse	4		◯		1	4
Simulation	4		◯		1	4
Deckungsbeitragsrechnung	4		✔		5	20
Lineare Programmierung	3		◯		1	3
Entscheidungstabellen/ Vernetzungsmatrix	5		◯		1	5

3.3 Entscheidungstechniken

Merkmal	Gewicht	Wert	ja/nein	Notiz	Bewertg.	⅀
Erwartungswert	3		◯		1	3
Pessimismus-Optimismus-Regel (Hurwicz-Regell)	3		◯		1	3

✔ = Funktion vorhanden, ◯ = Funktion nicht vorhanden

macControl II 3.4

Merkmal	Gewicht	Wert	ja/nein	Notiz	Bewertg.	Σ
Kochsche Regel	3		○		1	3
Laplace-Regel	3		○		1	3
Maximax-Regel	3		○		1	3
Minimax-Regel	3		○		1	3
Entscheidungsbäume	3		○		1	3
Bernoulli-Prinzip	3		○		1	3
((μ-Σ)-Prinzip	3		○		1	3
Minimax-Risiko-Regel (Savage-Niehans-Regel)	3		○		1	3

3.4 Finanzmathematische Methoden

Merkmal	Gewicht	Wert	ja/nein	Notiz	Bewertg.	Σ
Kapitalwertfunktion	3		✔	NPV	5	15
Interner Zins	5		✔	IRATE	5	25
Grundrechenarten	5		✔		5	25
Amortisationszeit	2		○		1	2
Tilgungsrechnung	3		✔	IRATE	3	9
Anuitätenmethode	4		○		1	4
Abschreibungsmethoden	3		○	programmierbar	3	9

3.5 Planungsmethoden

Merkmal	Gewicht	Wert	ja/nein	Notiz	Bewertg.	Σ
Netzplantechnik	5		○		1	5
Erfahrungskurve	5		○		1	5
Zero Base Budgeting	5		○		1	5
Budgetplanung	5		✔		4	20

3.6 Prognosemethoden

Merkmal	Gewicht	Wert	ja/nein	Notiz	Bewertg.	Σ
Trendextrapolation (Prognosefunktion)	5		○		1	5
Gleitender Durchschnitt	3		○		1	3
Exponentialle Glättung	3		○		1	3
Box-Jenkings-Verfahren	3		○		1	3
Delphi	3		○		1	3
Input-/Output-Modell	3		○		1	3
Lebenszyklus-Analyse	3		○		1	3
Ökonometrische Modelle	3		○		1	3
Panel-Konsensus	3		○		1	3
X-11	3		○		1	3
Szenario-Technik	3		○		1	3

3.7 Quantitativer Funktionsumfang

Merkmal	Gewicht	Wert	ja/nein	Notiz	Bewertg.	Σ
Anzahl finanzmathematischer Funktionen	3	6			4	12
Anzahl mathematischer Funktionen (incl. Trigonometrischer Funktionen)	3	16			3	9
Anzahl Textfunktionen	2	0			1	2

✔ = Funktion vorhanden, ○ = Funktion nicht vorhanden

macControl II 3.4

Merkmal	Gewicht	Wert	ja/nein	Notiz	Bewertg.	Σ
Anzahl Vergleichsoperatoren/Logik	3	9			4	12
Anzahl statistischer Funktionen	4	16			4	16
Anzahl Zeit- und Datumsfunktionen	4	11			4	16

3.8 Statistische Funktionen

Merkmal	Gewicht	Wert	ja/nein	Notiz	Bewertg.	Σ
Varianz, Standardabweichung	3		○		1	3
Erzeugung von Zufallszahlen	2		✔		4	8
Arithmetisches Mittel	4		✔		5	20
Wahrscheinlichkeitsverteilung	4		○		1	4
Normierung	3		○		1	3
Lineare Regression	4		✔	Slope, YIntercept, Correlation	4	16
Indexierung	4		○		1	4

3.9 Vergleichsmethoden

Merkmal	Gewicht	Wert	ja/nein	Notiz	Bewertg.	Σ
Zeitreihenvergleich	5		○		1	5
Rangfolgevergleich	4		○		1	4
Strukturvergleich	3		○		1	3
Häufigkeitsvergleich	3		○		1	3
Korrelationsvergleich	4		○		1	4

✔ = Funktion vorhanden, ○ = Funktion nicht vorhanden

macControl II 3.4

Merkmal	Gewicht	Wert	ja/nein	Notiz	Bewertg.	Σ

4 Datenanbindung

4.1 Abfragetechnik

Merkmal	Gewicht	Wert	ja/nein	Notiz	Bewertg.	Σ
Client/Server-Architektur	5		✔	DAL	5	25
Kommandoabfrage	2		✔	in SQL	5	10
Abfrage aus Anwendungsprogramm	5		✔		5	25
Dialogabfragen	5		✔	im Strukturfenster Einstellung, sonst über SQL	2	10
SQL-Anbindung	5		✔		5	25
Abfrage gleichzeitig in verschiedenen Datenbanken	4		○		1	4
Abfrage gleichzeitig in Datenbanken und Dateien	3		○		1	3
Abfrage aus verschiedenen Tabellen (Join)	5		✔	Join	3	15
Menüabfrage	5		○		1	5
Tabellennamenumsetzer (für Ad-Hoc und Standard-Abfragen)	5		○		1	5

4.2 Benötigte Zusatzprodukte

Merkmal	Gewicht	Wert	ja/nein	Notiz	Bewertg.	Σ
Notwendige Produkte und deren Kosten (z. B. DAL)	5			DAL ca DM 14.000,-; wird für Oracle nicht benötigt, dafür jedoch SQL *Net		
unterstützt ODBC	5		✔	ab Februar 1995	3	15
unterstützt weitere proprietäre Connectivity-Tools	3		○	im Test: Alpha-Version für Oracle	3	9
unterstützt DAL	4		✔		5	20
Externes Abfragewerkzeug	1		○		1	1

4.3 Datenaktualisierung

Merkmal	Gewicht	Wert	ja/nein	Notiz	Bewertg.	Σ
Datenupdate im Hintergrund	5		○		1	5
Datenupdate auf Befehl	5		✔	Menübefehl	5	25
automatische Aktualisierung der Daten aus der Datenbasis	5		✔		5	25
Datenaktualisierung über LAN	5		✔		5	25
Datenaktualisierung per DFÜ/Funk	4		○	über ARA	1	4

4.4 Datenexportformate

Merkmal	Gewicht	Wert	ja/nein	Notiz	Bewertg.	Σ
Excel	3		✔		5	15
ASCII	4		✔		5	20
1-2-3	3		○		1	3
DBase III	3		○		1	3
weitere	3		○		1	3

✔ = Funktion vorhanden, ○ = Funktion nicht vorhanden

macControl II 3.4

Merkmal	Gewicht	Wert	ja/ nein	Notiz	Bewertg.

4.5 Datenimportformate

Merkmal	Gewicht	Wert	ja/nein	Notiz	Bewertg.	
ASCII	4		✔	funktioniert kompliziert, jedoch auch flexibel über Formatlisten im Modell	3	1.
Excel	3		○		1	
DBase III	3		○		1	
1-2-3	3		○		1	
ISAM	1		○		1	
VSAM	1		○		1	
weitere	1		○		1	
SYLK	2		○		1	

4.6 Externe Datenbanken

Merkmal	Gewicht	Wert	ja/nein	Notiz	Bewertg.	
Nutzung externer Datenbasen möglich (DFÜ)	5		○		1	
Verknüpfung verwandter Themen	3		○		1	
Zugriff auf FIS-Daten von Kooperationspartnern	5		○		1	

4.7 Grundsatz

Merkmal	Gewicht	Wert	ja/nein	Notiz	Bewertg.	
Online-Zugriff auf zentral verwaltete Unternehmensdaten (dynamische Datenanbindung)	5		✔	Es können Daten und Merkmale (Modelldimensionen) aus der Datenbank übernommen werden	5	2

4.8 Unterstützte Datenbanken

Merkmal	Gewicht	Wert	ja/nein	Notiz	Bewertg.	
Zugriff auf Adabas	3		✔	ODBC	5	1
Zugriff auf DB 2	4		✔	DAL	5	2
Zugriff auf SQL/DS	3		○		1	
Zugriff auf Oracle	5		✔	DAL, SQL *.Net	5	2
Zugriff auf Ingres	4		✔	DAL	5	2
Zugriff auf Sybase	4		✔	DAL	5	2
Zugriff auf RDB/RDBMS	3		✔	DAL	5	1
Zugriff auf Focus	3		○		1	
dBase	1		○		1	
DataEase	1		○		1	
Q&A	1		○		1	
Paradox	1		○		1	
R:BASE	1		○		1	
Zugriff auf Informix	4		✔	ODBC	5	2
Zugriff auf NetWare SQL	3		○		1	
Zugriff auf SQLBase	3		○		1	
Zugriff auf SQL Server	3		✔	ODBC	5	1

✔ = Funktion vorhanden, ○ = Funktion nicht vorhanden

macControl II 3.4

Merkmal	Gewicht	Wert	ja/ nein	Notiz	Bewertg.	Σ

5 Datenhaltung

5.1 Effizienzkriterien

Merkmal	Gewicht	Wert	ja/nein	Notiz	Bewertg.	Σ
getrennte Speicherung von Daten/ Modellen	5		✔		5	25
getrennte Speicherung von Daten/ Masken	3		✔		5	15
zentrale Maskenspeicherung	3		✔	Arbeitsblätter werden zentral gespeichert	5	15

5.2 Grundsatzkriterien

Merkmal	Gewicht	Wert	ja/nein	Notiz	Bewertg.	Σ
dezentral	5		✔		5	25
Archivierung historischer Daten	5		✔		4	20
zentral	3		○	zentral wird nur die Tabelle mit den Nutzeränderungen verwaltet	4	12
FIS-eigene Datenhaltung (ohne Fremddatenbank)	3		✔		5	15
Client/Server-Architektur	5		✔		5	25

5.3 Konsistenz

Merkmal	Gewicht	Wert	ja/nein	Notiz	Bewertg.	Σ
Multiuserfähigkeit/Mehrplatzfähigkeit	5		✔	Konnte nicht getestet werden, Multiuser-Programm lag nicht vor	3	15
Filesharing (Sperren/Entsperren auf Dateiebene)	3		✔	wird vom Macintosh OS wahrgenommen	5	15
Download im Batch	3		○		1	3
Replikation lokaler und zentraler Daten (Asynchron oder Synchron)	5		○		1	5
Data Dictionary auf Server und Arbeitsplatzrechner sind identisch (logisch zentral)	5		○		1	5
Recovery-Funktion	5		○		1	5
Locking	5		✔		5	25

5.4 Lokal

Merkmal	Gewicht	Wert	ja/nein	Notiz	Bewertg.	Σ
Dateiorientiert (lokal)	1		○		1	1
Data Dictionary (lokal)	5		✔		3	15
Nutzung einer Fremd-Datenbank für FIS-Datenhaltung (lokal); Kosten [DM]; Name	5		○		5	25
relationale Datenbank (lokal)	5		✔	Multidimensionale Datenbank	5	25
hierarchische Datenbank (lokal)	3		○		1	3

5.5 Server

Merkmal	Gewicht	Wert	ja/nein	Notiz	Bewertg.	Σ
Dateiorientiert (zentral)	1		○		1	1
hierarchische Datenbank (zentral)	3		○		3	9

✔ = Funktion vorhanden, ○ = Funktion nicht vorhanden

macControl II 3.4

Merkmal	Gewicht	Wert	ja/ nein	Notiz	Bewertg.	Σ
Data Dictionary (zentral)	5		○		3	15
Nutzung einer Fremd-Datenbank für FIS-Datenhaltung (zentral); Kosten [DM]; Name	5		○		1	5
relationale Datenbank (zentral)	5		○		1	5

✔ = Funktion vorhanden, ○ = Funktion nicht vorhanden

macControl II 3.4

Merkmal	Gewicht	Wert	ja/ nein	Notiz	Bewertg.	Σ

6 Entwicklungsumgebung

6.1 Dokumentation

Merkmal	Gewicht	Wert	ja/nein	Notiz	Bewertg.	Σ
Lesbarkeit, Strukturierung	3		○	nicht relevant, da keine Programmierung möglich	1	3
Programm-Kommentierungen	3		○		1	3
Dokumentationshilfe für Pflichtenheft, z. B. Ausdruck des Modellschemas	3		✔		4	12
Spezifikationen im ERM	1		○		1	1
Einführende Darstellung der Zusammenarbeit der Komponenten	5		○	ist nicht notwendig, da nur ein Programm vorhanden	3	15

6.2 Effizienzkriterien

Merkmal	Gewicht	Wert	ja/nein	Notiz	Bewertg.	Σ
Schnittstellen zu Programmiersprachen	4		○		1	4
Anzahl Systemvariablen, -funktionen/ Informationsfunktionen	5	12			4	20
Zeitbedarf Referenzmodell erstellen [Stunden]	5					
Zeitbedarf Handbuch durcharbeiten [Tage]	5	4			3	15
Globale Pfad-Variablen zur Erhöhung der Portabilität	5		○	nicht notwendig	5	25
Lernaufwand Entwicklungsumgebung [Tage]	5	3			3	15
Aufbau des Programmes durch Module, Bibliotheken	5		○		1	5
Beispielbibliotheken mit Modellen/ Modellkomponenten	5		○		1	5
Wiederverwendbarkeit von Programmcode (Unterprogramme), Masken etc.	5		✔	Abspeichern von Merkmalsauswahlseinstellungen in der Datenbasis; Anweisungen werden zentral verwaltet	5	25
Syntaxprüfung durch das System	4		✔		3	12
Fernwartung über DFÜ	3		○	über ARA, Netzwerk; abh. von "Service während des Betriebes"	1	3
Service während des Betriebes/ Änderungen am EIS während des Betriebes durchführbar	5		✔	Konnte nicht getestet werden; vermutlich aber über macControl Server	4	20
Objektorientierung	5		○		1	5
Entwicklungsumgebungskomponente n sind auch vom Anwender verwendbar	5		○		1	5
Automatische Formatierung von reservierten Wörtern, Schleifen (Schachtelung) etc. im Texteditor bei Programmierung	5		○		1	5
Objekte ausrichten-Funktion	5		✔		5	25

✔ = Funktion vorhanden, ○ = Funktion nicht vorhanden

macControl II 3.4

Merkmal	Gewicht	Wert	ja/nein	Notiz	Bewertg.	Σ
Bei Release-Wechseln bleiben Einstellungen zur Individualisierung erhalten	5		○		1	5
Runtime-Version erzeugbar	4		○		1	4
Aktionen können in bestimmten Zeitabständen/zu bestimmten Zeiten ausgeführt werden (Beispiel: Update der Daten)	5		✔	Trigger-Funktion	3	15

6.3 Komponenten

Merkmal	Gewicht	Wert	ja/nein	Notiz	Bewertg.	Σ
Hot Spots/Knöpfe	5		✔		5	25
Grafikeditor	5		✔		4	20
Menügenerator	4		○		1	4
Maskensteuerungsgenerator	4		✔	freie Textfelder	4	16
Schnittstellen-Konfigurationsfunktionen	5		✔		3	15
Icon-Bibliothek	3		✔		3	9
Abfrage-Komponente	5		✔	integriert	3	15
Programmgenerator	5		○		1	5
Texteditor	3		○	freie Textfelder	2	6
Datenbank	5		✔		4	20
Kennzahlengenerator	4		○		1	4
Compiler	5		○	Beschleunigung des Bildschirmaufbaus über Compilieren-Befehl	2	10
Interpreter	3		✔		5	15
Debugger	5		○	Fehler in Formeln können angezeigt werden	3	15
Reportgenerator	4		✔	mit „Auswahl drucken"; Reports können mit unterschiedlichen Auswahlfeld-Einstellungen gedruckt werden; Arbeitsblätter können nur für den Zweck des Druckens angelegt werden	4	16
Tabellenkalkulationsprogramm	5		✔		5	25
Modellierungskomponente	5		✔		5	25
Tabellengenerator	5		○		1	5

6.4 Modellbildung

Merkmal	Gewicht	Wert	ja/nein	Notiz	Bewertg.	Σ
Anzahl Modelldimensionen	3	55		Absturz bei Benutzung von mehr als 55 Dimensionen (auf PB270c bei 57, 58, 59; bis 58 beim 2. Versuch)	5	15
Hinzufügen von Modelldimensionen	5		✔		5	25
Beim Hinzufügen von Modelldimensionen können die Daten in eine der beiden Dimensionen übernommen werden	5		✔		3	15
Löschen von Modelldimensionen	5		✔		5	25

✔ = Funktion vorhanden, ○ = Funktion nicht vorhanden

macControl II 3.4

Merkmal	Gewicht	Wert	ja/ nein	Notiz	Bewertg.	Σ
Beim Löschen von Modelldimensionen können die Daten erhalten bleiben	5		✔		3	15
Umbenennen von Modelldimensionen	5		✔		5	25
Umbenennen von Dimensionselementen	5		✔		5	25
Bei Umbenennung von Modelldimensionen ändern sich Regeln und Formeln automatisch	5		✔		5	25
Dimensioneelemente können gelöscht werden	5		✔		5	25
Dimensioneelemente können hinzugefügt werden	5		✔		5	25
Beliebige Periodenrasterung (Periodizität)	5		✔		4	20
Virtuelle Modelldimensionen (Merkmale können gleichzeitig zu unterschiedlichen Dimensionen gehören) – Zuordnungen	3		✔		5	15
automatische Maskenänderung nach Modellmodifikation	5		✔	dynamische Menüs und Dimensionsbreiten (sofern vom Entwickler vorgesehen)	4	20
Einschränkung der Benutzersichten je nach Benutzer auf bestimmte Merkmale	5		○		1	5
Erweiterbarkeit der Methodenbank durch Entwickler	5		✔	durch Anweisungen	3	15
kontextabhängige Methodenauswahlmöglichkeit	4		○		1	4

6.5 Modellsprache

	Gewicht	Wert	ja/nein	Notiz	Bewertg.	Σ
Sprungbefehle	1		○		1	1
Anzeige von Warnungs- bzw. Informationsfeldern und Abfrage von ja/nein-Fragen	5		✔		5	25
4-GL-Sprache	4		○		1	4
Schleifen	3		○		1	3
Logische Operationen	5		✔		5	25
temporäre Variablen	5		○		1	5
Bedingte Anweisungen	5		✔		5	25
Planungssprache	4		✔		4	16
3-GL-Sprache	3		○		1	3
Iconisches Programmieren	5		○		1	5
Matrizen	3		○		1	3
Lineare Gleichungssysteme	3		○		11	33

✔ = Funktion vorhanden, ○ = Funktion nicht vorhanden

macControl II 3.4

Merkmal	Gewicht	Wert	ja/ nein	Notiz	Bewertg.	Σ

7 Integration von Std.-Anwendungen

7.1 Bürofunktionen

Merkmal	Gewicht	Wert	ja/nein	Notiz	Bewertg.	Σ
Herausgeben und Abonnieren	3		✔		5	15
statische Weiterverarbeitung von FIS-Sichten	3		○	„Abonnierung und Herausgeben" nur für Entwickler bzw. geübte Benutzer	2	6
Grafiken sind exportierbar	2		✔		5	10
dynamische Weiterverarbeitung von FIS-Sichten	5		○		1	5
DDE	5		○	in Planung	1	5
OpenDoc	5		○	in Planung	1	5
OLE	5		○	in Planung	1	5
Integration von Bürofunktionen	5		○	über Launch-Funktion	2	10
Mit welchen Standardprogrammen (Mail, Outlining, Netzplanung etc.) arbeitet das Programm zusammen?	5		✔	über Launch-Funktion	3	15

7.2 Groupware

Merkmal	Gewicht	Wert	ja/nein	Notiz	Bewertg.	Σ
Einbindung von E-Mail	4		○		1	4
Postversand über Verteilerlisten/ Gruppen	3		○		1	3
Verteilung von Dokumenten und FIS-Sichten/Abfragen	5		○		1	5
Telekonferenzing	5		○		1	5
Voice-Mail	5		○		1	5
Computergestütztes Brainstorming/ Brainwriting	5		○		1	5

7.3 Grundsatz

Merkmal	Gewicht	Wert	ja/nein	Notiz	Bewertg.	Σ
Wiedervorlagefunktion	5		○	programmierbar	2	10

✔ = Funktion vorhanden, ○ = Funktion nicht vorhanden

macControl II 3.4

Merkmal	Gewicht	Wert	ja/ nein	Notiz	Bewertg. Σ	

8 PIM/Individualisierbarkeit

8.1 Anpassungsmöglichkeiten

Merkmal	Gewicht	Wert	ja/nein	Notiz	Bewertg.	Σ
Einstellung von Standardfunktionen über Parameter, z. B. bei der ABC Analyse die Klasseneinteilung	5		○		1	5
Verwaltung von persönlichen Ausnahme-Tabellen	5		○	programmierbar	2	10
Ausnahmen für bestimmte Werte	5		○		1	5
Ausnahmen für alle Werte (z. B. Prozentabweichungen vom Soll oder vom Vorjahreswert)	4		○		1	4
Verwaltung von Firmen-Ausnahme-Tabellen	5		○		1	5
Benutzerpräferenzen werden erfaßt und ausgewertet	5		○		1	5
Volltextrecherche	5		○		1	5
Alarmfunktion im Falle des Eintritts von Ausnahmen/Abweichungen, die durch Exception Reporting definiert wurden	5		○		1	5
Darstellung von Ausnahmen in Grafiken	5		○	durch Datenreihe, die Ausnahmendefinition enthält	3	15
Informationsfilter für interne Informationen aus Reports, Modellen usf.	5		○		1	5
Persönlichkeitsprofile (z. B. Datenfilter für ext. und int. Daten) werden zentral koordiniert gespeichert	5		○		1	5
Integration von persönlichen Informationen	5		○		1	5

8.2 Bürofunktionen

Merkmal	Gewicht	Wert	ja/nein	Notiz	Bewertg.	Σ
Kommentierungen möglich	5		○	programmierbar	1	5
Hinweis auf Kommentierungen sichtbar	5		○	programmierbar	1	5
einzelne Kommentierungen ein-/ausblendbar	5		○	programmierbar	1	5
Alle Kommentierungen ein-/ausblendbar	3		○	programmierbar	1	3
Hinweis auf Kommentierungen ausschaltbar	2		○	programmierbar	1	2

8.3 Externe Datenbanken

Merkmal	Gewicht	Wert	ja/nein	Notiz	Bewertg.	Σ
Informationsfilter für externe Datenbanken	5		○		1	5
Filter durch inhaltliche Kategorien	3		○		1	3
Filter durch Firmenlisten	3		○		1	3

✔ = Funktion vorhanden, ○ = Funktion nicht vorhanden

macControl II 3.4

Merkmal	Gewicht	Wert	ja/nein	Notiz	Bewertg.	Σ
Abruf von Aktieninformationen	3		○	Trigger-Funktion, ermöglicht periodisch ausführbare Makros	1	3
Abruf von Artikeln	3		○		1	3
Automatische Benachrichtigung über Artikel zu bestimmten Themen nach Voreinstellung	3		○		1	3

8.4 Modellbildung

Merkmal	Gewicht	Wert	ja/nein	Notiz	Bewertg.	Σ
Ändern der Modellsicht (2-dim. Tabelle) möglich	5		○	kein Drehen des multidimensionalen Würfels möglich	1	5
Simultane Anzeige mehrerer Dimensionen	5		○		1	5
Einschränkung der Sicht auf bestimmte Elemente einer Dimension	5		○		1	5
Bildung von Berechnungen durch den Benutzer	5		○		1	5
Benutzer kann Modelltabellen sortieren	5		○	Entwickler: ja; kann für Benutzer programmiert werden	2	10
Speichern von Berechnungen durch den Benutzer	5		○	programmierbar	1	5
Erstellung von Grafiken durch den Benutzer	5		○	programmierbar	1	5
Erweiterbarkeit der Methodenbank durch Benutzer	4		○		1	4
Umbenennen von Modelldimensionen durch den Benutzer	2		○	programmierbar	2	4
Ad-hoc-Abfragen durch Benutzer	5		○	Hängt vom Umfang des Modells ab; Wechsel der jeweils angezeigten Modelldimensionen muß programmiert werden	3	15
Ad-hoc-Abfragen speicherbar	5		○	programmierbar	1	5

✔ = Funktion vorhanden, ○ = Funktion nicht vorhanden

macControl II 3.4

Merkmal	Gewicht	Wert	ja/nein	Notiz	Bewertg.	Σ

9 Sicherheit

Merkmal	Gewicht	Wert	ja/nein	Notiz	Bewertg.	Σ
Paßwort für Programmzugang	5		✔		5	25
Paßwort für Dokumentenzugang	4		✔		5	20
Benutzerverwaltung	5		✔		3	15
Automatischer Verbindungsaufbau zur Datenbasis bei Öffnen des FIS unter Paßword-Eingabe	3		✔	mit Paßwort-Eingabe	4	12
Verschlüsselung der Dateien	4		○		1	4
Paßwort-spezifische Zugriffsrechte	5		○	Unterscheidungs zwischen Entwickler und Benutzer, 8 weitere spezielle Einstellungsmöglichkeiten wie z. B. „Merkmale ändern ja/nein"	2	10
Zugangssperre nach voreinstellbarer Zeit	3		○	Funktion zur automatischen Sperre nach einer bestimmten Zeit scheint vorhanden zu sein, wurde aber in der Dokumentation nicht gefunden	1	3
Logfile speichert Benutzerzugriffe	5		○		1	5
Automatisches Löschen der lokalen Daten beim Verlassen der Anwendung	5		✔	wahlweise bei Benutzerwechsel oder Beenden des Programmes	5	25
Paßwort-spezifische Menüs	5		○		1	5

✔ = Funktion vorhanden, ○ = Funktion nicht vorhanden

7.2 Produktübersicht

Tab. 21: Übersicht über FIS-Produkte

	Produkt	Hersteller/Vertrieb
1	Acumate Enterprise	Kenan Technologies
2	AIT-KBM	AIT innovative Datenverarbeitung GmbH
3	Aremos	Wefa
4	B-Planner	B-Plan Software
5	BITAG Controller	BITAG AG
6	BOSS-Office MIS/MCS	SAM Datenverarbeitung GmbH
7	CA-Startagem (Host/Server)/CA-SuperCalc for Windows (ehem. Ca-Compete und CA-SuperCalc)/CA-Superproject/CA-CIO-Vision/CA-Cricket/ CA-Microgem	CA Computer Associates GmbH
8	Camadis	ASCI Systemhaus GmbH
9	Commander EIS/ System W/ One-Up/ Commander FDC/ eSSBase/PRISM	Comshare GmbH
10	Control-It	Graphitti Software
11	Controllers Toolbox	Nymphenburg Consult Partner für Management-Entwicklung GmbH
12	CP-Fips/CP-Fimex/CP-Eddi	Coporate Planning
13	Cross Target	Dimensional Insight, Inc.
14	Cursor/DataEase, -/Paradox, -/F&A	Cursor Vertriebs-Software GmbH
15	Data Interpretation System (DIS)	Mataphor, Inc.
16	DECdecision	Digital Equipment GmbH
17	DECIBASE, InfoBase	GSC Gesellschaft für Software, Software-Beratung und Vertrieb mbH
18	ECOMPLAN	Hans Peter Weidmann
19	EIS-EPIC	Milestone
20	EIS-Track/2, EIS Track/400, EIS-Track/6000	IOC
21	EISToolkit 2.11	MicroStrategy, Inc.

22	Entire Analysis Workstation/ Entire Reporting Client	Software AG
23	Executive Decisions und Personal AS (OS/2) sowie Track for Windows	IBM Deutschland GmbH
24	Executive Edge/ Paradigm/ IFPS/Personal	Execucom
25	Executive Nomad	MUST Software International US3 (Deutschland) GmbH
26	Executive's visible Advantage	mip Management Informationspartner
27	Express/EIS 4.5, Data-Server Analyzer, Brand/Sales Partner for Windows und Express Financial Management Software	IRI Software
28	FIS	CIC Controlling Innovations Center
29	Forest&Trees	Polaris GmbH
30	FPCS	fmb GmbH Schneider + Partner
31	Futurmaster/Stratplan Managerboard	ICCON International Consulting Cooperation GmbH
32	Gentium/ Epic 3	Milestone Software
33	Holos	Vossebein, Karl-Heinz
34	Impromptu/PowerPlay	Cognos GmbH
35	IMRS OnTrack/Hyperion	IMRS
36	INF*ACT Workstation	Nielsen CMS GmbH
37	INFPLAN	Siemens AG
38	InPhase	Infolog GmbH
39	IQ	Intelligent Query Software
40	Lightship/ MicroFCS/ Pilot Command Center (Host/Server)/ PC-Modul Pilot/ FCS DSS/ Workstation Multi	Pilot Executive Software GmbH
41	M. A. S. I.	Hoppe Unternehmensberatung
42	macControl	Breitschwerdt+Partner
43	Magra-Strategische Planung	Unternehmensberatung Dr. Ing. Schleppegrell

44	Matplan	GMI Gesellschaft für Mathematik und Informatik mbH
45	MB GRIPS Client/ MB GRIPS Server	MB Data
46	MEMPLAN/ MEMCONTROL	MEM Consult
47	MIAT-System	Ruffer Gesellschaft für Ingenieurwesen mbH
48	Micro Control, ON TRACK	Arthur Andersen Business Systems Consulting
49	Micro/FCS	THORN EMI Comp. Softw. (TECS)
50	microTREND/ microFORECAST	microPlan GmbH
51	MIDAS MIS, MIDAS EIS	PST Software GmbH
52	Midias/ Unternehmensreport 2.0	Datev eG
53	OCIS	SNI Siemens Nixdorf
54	Omnidex und Omnidex für Client/Server	Dynamic Information Systems Corp.
55	PC/FOCUS; FOCUS/EIS for Windows; Level 5	Information Builders Deutschland GmbH
56	pcEXPRESS/ Javelin Plus/ EXPRESS EIS/ EasyEXPRESS	Information Resources
57	PILOT	Dr. Schmidt & Partner GmbH
58	Prism Warehouse Manager 3.5	Prism Solutions, Inc.
59	Produktname unbekannt	Denzhorn
60	Professional Planner	Winterheller Unternehmensplanungs GmbH
61	Resolve	Dr. Höfner & Partner
62	REVI-Plan	REVICON Consult GmbH
63	RISC/ UEG/Ziel (Chancenmanagement)	bsu Unternehmensberautung G. A. Kluge
64	Risk	Up-To-Date
65	SAP-EIS	SAP AG
66	SAS-EIS/ SAS-DSS	SAS-Institute GmbH
67	Siron/ PSiron	Ton Beller GmbH

68	Spreadsheet Connector	M.I.S. GmbH
69	Sterling IQ-Express/ Sterling Answer/DB	Sterling Software
70	STOP?/GO!	COMPUSYS Computer Systems GmbH
71	Tangent	Tangent
72	Tims 90	Tims Team
73	TZ Info/ MIK Info/ MIK EIS/ MIK Solution	MIK GmbH
74	U-PLAN	U-PLAN
75	unisoft-INSIGHT	Minibit AG

7.3 IDC-Studie EUDA/EIS Markt

Tab. 22: Weltweite EUDA/EIS Software Umsätze nach Anbieter, 1989-1993 ($M) (vgl. [GILL 94], S. 27f)

Vendor Name	1989	1990	1991	1992	1993	1993 World-wide Share (%)
U.S. Independent Software Vendors						
Comshare	36	50	50	52	42	6,33
Information Resources	-	3	10	15	37	5,57
Pilot Software	16	19	19	22	22	3,31
Computer Associates	15	18	20	20	20	3,01
SAS Institute	-	1	5	11	13	1,96
Business Objects	-	-	-	5	12	1,81
Computer Concepts	-	-	-	-	6	0,90
Trinzic	-	-	-	-	6	0,90
Oracle	-	-	-	2	5	0,75
Sterling Software	2	3	4	4	5	0,75
Information Builders	-	-	1	2	3	0,45
Informix Software	1	1	1	2	3	0,45
Dataease	-	2	3	2	2	0,30
IQ Software	-	-	1	2	3	0,45
Microsoft	-	-	-	-	2	0,30
Unify	1	1	2	2	3	0,45
Wang Laboratories	-	8	6	5	3	0,45
Gupta	-	-	-	1	2	0,30
Dimensional Insight	-	-	-	-	1	0,15
Intersolv	-	-	-	1	1	0,15
Microstrategy	-	-	-	-	1	0,15

PowerSoft	-	-	-	-	1	0,15
Praxis	-	-	-	1	1	0,15
Borland	-	-	-	< 1	1	0,15
EPS	-	-	-	-	1	0,15
Must Software Internatio-nal	-	-	-	-	< 1	<0.1
Subtotal U.S. ISV	71	106	122	149	196	29,52
OtherU.S. ISV	65	80	90	99	100	15,06
Total U.S. ISV	136	186	212	248	296	44,58

U.S. System Vendors

IBM	-	113	123	132	144	21,69
IBM/Metaphor	10	11	15	25	26	3,92
Digital Equipment	-	10	10	10	10	1,51
Unisys	-	5	5	6	8	1,20
Hewlett-Packard	-	3	3	2	2	0,30
Subtotal U.S. SV	10	142	156	175	190	28,61
Other U.S. SV	-	26	28	30	30	4,52
Total U.S. SV	10	168	184	205	220	33,13

International Independent
Software Vendors

Cognos	-	3	3	4	9	1,36
Planning Sciences	-	-	-	6	5	0,75
Speedware	-	-	-	1	2	0,30
Subtotal inU. ISV	0	3	3	11	16	2,41
Other intl. ISV	-	65	75	84	95	14,31
Total intl. ISV	0	68	78	95	111	16,72

International System Vendors						
Bull	-	2	2	2	<1	<0,1
Subtotal intl. SV	0	2	2	2	0	0,00
Other intl. SV	-	-	32	35	37	5,57
Total intl. SV	0	2	34	37	37	5,57
Total U.S.	146	354	396	453	516	77,71
Total intl.	0	70	112	132	148	22,29
Total worldwide	146	424	508	585	664	100,00
Growth (%)	-	-	-	*15,16*	*13,50*	

7.4 Beschreibung der Produkte

7.4.1 Commander 4.02 für Windows

Commander EIS der Comshare GmbH besteht aus den PC-basierten Entwicklungs-Werkzeugen *Commander Prism* (Version 1.2.2) und *Builder* (Version 4.02) und den vordefinierten Endbenutzer-Komponenten *Briefing Book, Execu-View, News Navigator, Reminder* und *Redi-Mail*, die unter der einheitlichen Oberfläche des Commander EIS (CEIS) integriert sind. Nicht getestet wurde die multidimensionale Server-Software *eSSBase* von Arbor Software, die auch über die Comshare GmbH vertrieben wird.

Konzept. Commander ist ein FIS für das elektronische Berichtswesen, das über das separate Modellentwicklungswerkzeug PRISM auch Modelle darzustellen imstande ist. Es verfügt über eine fertige, erweiter- und anpaßbare Endbenutzeroberfläche, die die Entwicklung von Applikationen standardisiert und damit vereinfacht. Die Endbenutzeroberfläche hat eine breite Funktionsvielfalt, mit denen Berechnungen durchgeführt, Grafiken erstellt, externe Informationen angesehen und FIS-Sichten mit Notizen versehen, zur Wiedervorlage gespeichert, und per elektronischer Post versandt werden können.

Commander ist auf einfache Bedienung sowohl für Endbenutzer als auch für Entwickler ausgelegt (vgl. Oberfläche, hierbei auch die Einschränkungen).

Plattformen. Commander EIS wird für die Plattformen OS/2, Macintosh OS und Windows angeboten. Die hier getestete Version war eine Windows-Version. Der Hersteller gibt an, daß vollständige Dateikompatibilität zwischen den Plattformen besteht, was im Test jedoch nicht nachvollzogen werden konnte, da nur die Windows-Version vorlag.

Installation. Beide Komponenten werden mit einem Installationsprogramm geliefert, das es ermöglicht, einzelne Komponentengruppen auf einen Datenträger und Ordner (Verzeichnis) nach Wahl zu installieren. Der Benutzer wird über den benötigten Speicherplatz auf der Festplatte informiert und während der Installation über deren Fortgang.

Datenanbindung. Mit Hilfe des Abfragewerkzeugs PRISM Open Data Transfer (ODT) kann über die Connectivity-Software ODBC auf ODBC-unterstützende Datenbanken zugegriffen werden. Die Abfrage erfolgt über Dialogfelder und eine Tabelle zur Verknüpfung der Spalten mit den Modellvariablen. Die Datenformate von Lotus 1-2-3, Excel, dBase sowie Text können sowohl ex- als auch importiert werden. Außerdem besteht die Möglichkeit, Daten mit anderen Windows-Anwendungen per DDE auszutauschen.

Flexibilität. Die Flexibilität des Produkts läßt sich in zwei Dimensionen messen: Auf der einen Seite erlaubt das Produkt die zentrale Verwaltung von Objekten, andererseits jedoch fehlen oft dynamische Verbindungen zwischen unterschiedlichen Stadien der Objektbearbeitung.

Die Oberfläche (vgl. Oberfläche) ermöglicht z. B. durch *Cut and Paste* ein effizientes Entwickeln. Daß die *Undo*-Funktion im *Builder* (für Grafikobjekte) fehlt, ist unverständlich, für *Scripts* ist sie nämlich vorhanden. Grafikobjekte können rudimentär nachbearbeitet werden. Hat der Entwickler aus einer Tabelle eine Business-Grafik erzeugt, so kann er daraus nicht wieder eine Tabelle machen, vielmehr ist die Tabelle erneut hinzuzufügen und mit den entsprechenden Formaten zu versehen. Bei Vektorgrafiken ist es nicht möglich, Punkte hinzuzufügen oder zu entfernen.

Die Zusammenarbeit zwischen den Modulen gestaltet sich manchmal als schwierig; so können Änderungen in einem Modul nicht ohne weiteres ins andere übernommen werden, ohne eine dort vorgenommene Anpassung zu überschreiben (*Execu-View* mit PRISM-Modellen). Der Aufbau eines *Execu-View* verlangt außerdem, daß der Benutzer sich die Namen der zu integrierenden Komponenten aufschreibt, da er sie nicht im Dialog aus einer Liste auswählen kann, sondern über die Tastatur eingeben muß.

Die Adaptionsparameter können in Dateien gespeichert werden, so daß die Konfiguration einfach durch Laden der Konfigurationsdateien ermöglicht wird.

Die zentrale Verwaltung von Modellen, Bildschirmsichten, Grafiken, *Periodic-Files* etc. dienen der Flexibilität. Die Periodic-Files ermöglichen es, viele Commander-Funktionen periodisch durchzuführen. Beispielsweise können Daten-Updates automatisch zu bestimmten Zeiten durchgeführt werden. Sogar Veränderungen am *Periodic-File* selber können automatisch durchgeführt werden.

PRISM erscheint generell flexibler und mehr dem Oberflächenstandard Windows zu entsprechen als der Commander Builder. Jedoch sind auch hier Einschränkungen zu machen: es können keine Modelldimensionen umbenannt werden, ohne daß alle Verweise auf diese Dimensionen manuell umgeändert werden müssen. Wird der Name von Modelldimensionen durch Überschreiben geändert, so führt dies zu gravierenden Problemen: die ursprüngliche Dimension wird gelöscht und eine neue Dimension wird erzeugt. Dadurch werden alle Regeln, die die alte Dimension verwenden, obsolet. (vgl. [COMS93], S. 4-23)

Oberfläche. Die Oberfläche wurde im Vergleich zu früheren Versionen auf Windows-Standard angepaßt (PRISM wurde neu, d. h. von vornherein unter Windows entwickelt). Dies scheint jedoch noch nicht vollständig gelungen zu sein. Im *Builder* fehlt beispielsweise eine Undo-Funktion (vgl. Flexibilität). Es werden viele Einstellungen über Parameter vorgenommen, die als Text eingegeben werden müssen, anstatt aus einer Liste durch Ankreuzen (*Checkbox, Radio-Button*) ausgewählt zu werden. Im gleichen Zusammenhang stört, daß viele an sich sehr nützliche Funktionen (wie beispielsweise die automatische Ausführung vieler Arten von Aktionen über ein „Periodic"-File) über Makro-Dateien statt über Dialogboxen gesteuert werden. In anderen Fällen werden keine Standard-Öffnen-Dialoge gezeigt, so daß der Entwickler nur bestimmte Dokumente an vorgegebenen Orten auswählen kann. Dies dient jedoch offensichtlich dazu, den Entwickler nicht mit unnötigen Entscheidungen zu konfrontieren. Auch kann Text nicht immer in der Standard-Funktionalität des Betriebssystems verarbeitet werden. Ein Beispiel ist die Textbearbeitung in *Reminder*, wo keine Textteile durch auswählen und überschreiben ersetzt werden können.

Standards von Windows wie *DLL's, Cut and Paste* und *DDE* werden jedoch grundsätzlich unterstützt.

Die besonders einfache Bedienung über nur wenige Auswahlknöpfe auf dem Bildschirm läßt Funktionen durch die dadurch nötige relativ tiefe Schachtelung oft nicht auf dem direkten Weg erreichen. Dies könnte für versierte Benutzer nicht die ideale Benutzerführung sein. Im Abschnitt 3.2 wurde dies bereits durch drei unterschiedliche Benutzerprofile, die auf die Computererfahrung der Manager abzielen, angedeutet.

Es lassen sich die Menüleiste ausschalten, sowie das Fenster auf die volle Größe des *Windows-Desktop* vergrößern, so daß der Benutzer nicht versehentlich das Programm durch Klicken außerhalb des Fensters wechseln kann. Eine ähnliche Funktion findet sich auch in *macControl,* auch dort können im Modus „EIS-Benutzer" keine im Hintergrund liegenden Objekte angeklickt werden, so daß ein versehentliches Wechseln des Programmes ausgeschlossen ist.

PRISM erlaubt es nicht, die in Deutschland gebräuchlichen Dezimalkommas einzugeben. Auch läßt sich nicht mit Hilfe des Tabulators zum nächsten Feld springen. Bei der Benennung von Dimensionen müssen Einschränkungen bei der Wahl der Zeichen hingenommen werden. Es ist nicht möglich, deutsche Umlaute für Merkmalsnamen zu verwenden. Ein „Save as"-Befehl existiert nicht.

Stabilität. Commander lief im Test bis auf die folgenden Ausnahmen stabil:

Die Einstellung der Exceptions sowie bei der Auswahl der Daten zur Erstellung von Grafiken im *Builder* ergab gravierende Schwierigkeiten bei proportionalen Schriften. Die Werte ließen sich nicht auswählen bzw. es traten Bildschirmanzeigefehler auf.

PRISM blieb beim Speichern auf eine Diskette mit zuwenig Speicherplatz hängen, ohne eine Fehlermeldung anzuzeigen.

Dokumentation. Die englische Dokumentation besteht aus diversen Handbüchern, darunter auch ein spezielles Handbuch für die Benutzer. Die kontextbezogene Online-Hilfe ist ebenfalls in Englisch. Beispiel-Dokumente werden mitgeliefert. Man kann sie als Vorlage für eigene Entwicklungen benutzen. Abgesehen davon, daß die Dokumentation nur in englischer Sprache verfügbar ist, kann sie als vorbildlich angesehen werden.

Support. Für Commander-Anwender steht eine Kundenzeitschrift zur Verfügung. Benutzerkonferenzen werden in regelmäßigen Abständen veranstaltet. Weitere Angaben des Herstellers lagen zum Zeitpunkt der Fertigstellung dieser Arbeit nicht vor.

Endbenutzeranpassung. Commander läßt eine Anpassung an Endbenutzer zu. Diese können Exceptions ändern, *Views* zur Wiedervorlage speichern und Anmerkungen plazieren. Filter zum durchforsten des externen Dow Jones-Dienstes können eingestellt werden.

Zusammenfassung. Commander gibt dem Benutzer das Gefühl, vieles selbst in der Hand zu haben. Tatsächlich können eine Vielzahl von Anpassungen und Aktionen durch den Benutzer selbst durchgeführt werden. Dies kann die Akzeptanz der FIS steigern und ist damit ein wesentlicher Erfolgsfaktor für ein erfolgreiches FIS-Projekt.

Der Zugriff auf externe Informationen ist in seiner Form einmalig für die getesteten FIS. Er ermöglicht die vom Benutzer durch Filter gesteuerte, automatisierte Informationssuche im *Dow Jones News Retrieval System*. Auch andere Funktionen wie das Versenden von FIS-Darstellungen als elektronische Post oder das Anlegen von Erinnerungen können über Defizite bei der Flexibilität und der Oberfläche hinweghelfen.

7.4.2 macControl II 3.4 für Macintosh und PowerMacintosh

macControl der Unternehmensberatung Breitschwerdt und Partner ist das einzige getestete Programm für den Apple Macintosh (Commander EIS wird auch für diese Plattform angeboten).

Konzept. macControl ist ein leistungsfähiges, flexibles, multidimensionales Modellentwicklungswerkzeug. Es bietet die Möglichkeit, auf einfache Weise eigene, ansprechende FIS-Applikationen zu erzeugen.

Die Einbindung von externen Informationen wird vom Produkt nicht unterstützt. Es läßt sich an individuelle Bedürfnisse nicht anpassen (z. B. keine individuellen Exception-Einstellungen) und unterstützt keine elektronische Post.

Plattformen. macControl läuft bislang nur unter dem Macintosh OS. Versionen für Windows und OS/2 sind jedoch in Planung. Über den Austausch von EIS-Applikationen über die Plattformen hinweg kann jedoch noch nichts gesagt werden.

Installation. macControl wird als einziges Programm ohne Installationsprogramm geliefert. Der Benutzer braucht nur den Inhalt der Diskette auf die Festplatte bewegen und einen Dekomprimierungslauf per Doppelklick veranlassen.

Datenanbindung. Daten können über den *Connectivity*-Standard DAL (*Data Access Language*) aus verbreiteten Datenbanken wie Oracle, DB2, Ingres, Informix, SyBase u. a. übernommen werden. Benötigt wird dazu das *Connectivity-Tool* DAL mit seinen Host- und PC-Komponenten. Der Zugriff erfolgt über SQL-Statements und Funktionen.

Im Test lag zusätzlich eine noch eingeschränkte Betaversion von macControl vor, die es ermöglicht, direkt auf Oracle Datenbanken, die zum Beispiel von der Standardsoftware R/3 von SAP verwendet wird, zuzugreifen (über *SQL-*Net*). Auch hier muß das Connectivity-Tool SQL-*Net separat angeschafft werden.

Die Unterstützung von ODBC ist für 1995 angekündigt worden.

Flexibilität. macControl ist ein Spread-Sheet-nahes Werkzeug, ohne jedoch alle Nachteile eines solchen zu haben. So ist das Produkt multidimensional, Modell und Daten werden getrennt verwaltet und über Namen statt über Feldbezeichnungen angesprochen. Es läßt sich eine Endbenutzer-Oberfläche erstellen. Programmierung ist in eingeschränktem Maße durch die Zusammenfassung von Funktionen zu Makros möglich.

Die Modellierung zeichnet sich durch Flexibilität bei der Änderung von Merkmalsnamen aus. Dabei werden alle Referenzen in Formeln automatisch mitgeändert. Als nachteilig erweist sich, daß man nicht ohne weiteres die zwei Hauptdimensionen der Modellsicht wechseln kann.

Stabilität. macControl läuft ausnahmslos stabil.

Dokumentation. Neben je einem Tutorial für macControl I (ohne dynamischer Datenanbindung) und macControl II (mit dynamischer Datenanbindung) wird ein Referenzhandbuch mitgeliefert. Letzteres hat den Mangel, daß die Stichwörter – des an sich für Entwickler praktischen Nachschlags- und auch Einarbeitungswerkes – zum Teil unglücklich gewählt sind. Beispielsweise werden die finanzmathematischen Funktionen nicht unter den gebräuchlichen deutschen Bezeichnungen wie Kapitalwert o. ä. im Verzeichnis aufgeführt, sondern unter Bezeichnungen wie PV (*Present Value*).

Die Sprechblasenhilfe (*Balloon Help*) von macControl ist eine ausgezeichnete kontextbezogene Hilfe.

Support. Der Hersteller Breitschwerdt und Partner gehört mit einem Jahresumsatz aus Produktverkauf und Dienstleistungen i. H. v. ca. 2,5 Mio DM zu den kleinen Anbietern. Insgesamt wurden bisher 1500 Lizenzen verkauft. Die Referenzkunden sind namhafte Firmen. Für Hotline und Schulung stehen 24 Mitarbeiter zur Verfügung. Das Produkt wird von 10 Mitarbeitern weiterentwickelt.

Endbenutzeranpassung. Der Endbenutzer kann zwar auf einfache Weise zwischen vordefinierten Dimensionen hin- und herschalten, eine Anpassung an seine Bedürfnisse kann jedoch nur zum Teil vom FIS-Entwickler programmiert werden (z. B. beim Exception-Reporting, es können jedoch keine Modelländerungen durch den Benutzer durchgeführt werden), wird also nicht vom System zur Verfügung gestellt. Es besteht auch keine Möglichkeit, Benutzerpräferenzen an zentraler Stelle zu erfassen. Exceptions beispielsweise werden nicht zentral, sondern lokal beim jeweiligen Modell gespeichert.

Zusammenfassung. Das Produkt bietet eine flexible Grundlage zur Modellierung von aussagekräftigen, vordefinierten Modellen, die über ein elektronisches Berichtswesen weit hinausgehen. Die Entwicklung ist jedoch zum Teil durch fehlende vordefinierte Endbenutzerwerkzeuge und -oberflächen eingeschränkt bzw. erschwert. Weiterverarbeitungsmöglichkeiten durch den Benutzer in Form von Versendung der Modellsichten als elektronische Post oder die Anbindung an externe Informationen fehlen bislang.

7.4.3 Lightship 3.3 für Windows Familie

Die getesteten Programme des Herstellers Pilot Software, Inc. umfassen *LightShip 3.3 Single User Kit*, Lightship *Lens* 3.3 sowie die Modellierungssoftware Lightship *Server* 2.01 und Lightship (LS) *Modeller* 1.0. Außerdem existiert noch das Werkzeug *FCS for Windows*, welches aber im Test nicht vorlag und wie *Modeller* für die Modellierung, jedoch weniger breit als dieses ausgelegt erscheint. Weiterhin gibt es die Produkte Lightship *Link* und Lightship *Notes*, die jedoch ebenfalls im Test nicht vorlagen. *Server* wurde nicht getestet, da er nicht über eine durchgängig grafische Oberfläche verfügt, welches ein K.-O.-Kriterium für die Auswahl war.

Konzept. Lightship ist ein FIS zur Endbenutzer-Gestaltung eines elektronischen Berichtswesens. *Lightship 3.3* fungiert darüber hinaus als FIS-Frontend für die DSS' LS *Server* und LS *Modeller*. Mit Hilfe von LS *Modeller* können auch eigene, mehrdimensionale Endbenutzermodelle entwickelt werden.

Navigator ist eine vorgefertigte Endbenutzer-geeignete Lightship-Datei, die Lighship-Server-Modelle darstellen kann. Sie kann über Parameter an individuelle Bedürfnisse angepaßt werden.

Plattformen. Lightship unterstützt Microsoft Windows 3.x und das Macintosh OS. Getestet wurde jedoch nur die Windows-Version.

Installation. Die Installation erfolgte in der Reihenfolge *Lightship*, Lightship *Lens*, Lightship *Server*, Lightship *Modeller*. Sie verlief nicht völlig problemlos. Der Leser möge für eine Beschreibung der Fehler die Ausführungen in Anhang 7.5 hinzuziehen.

Datenanbindung. *Lens* ermöglicht den Zugriff auf viele gängige PC- und *Client/Server*-Datenbanken. Lens ist vollständig in *Lightship 3.3* integriert. Es arbeitet mit einem Daten-Cache, in das zunächst Teile der Datentabellen des Servers geladen werden. Anschließend können sie verarbeitet werden, wobei jedoch eine Beschränkung auftritt: die zu bearbeitenden Daten werden durch den verfügbaren Hauptspeicher begrenzt. Andererseits ist diese Methode jedoch recht schnell.

Den Datenzugriff von *Modeller* aus übernimmt das Produkt *LS Link*, welches jedoch nicht getestet werden konnte, das es nicht vorlag.

Die Abfrage erfolgt jeweils über SQL-Befehle, die Zuordnung der Ergebnisse zu *Modeller*-Variablen geschieht über eine Tabelle.

Flexibilität. In diesem Punkt müssen noch Abstriche in Kauf genommen werden, wie die nachfolgenden Ausführungen belegen. Positiv zu bemerken ist, daß Systemvariablen zentral über Dialogboxen verwaltet werden.

Im Beispiel (vgl. [PILO93], S. 5-2 – 5-3) läßt sich eine doppelte Erfassung verfügbarer Berichtsnamen zwecks Darstellung in einem Menü nicht vermeiden. Damit Endbenutzer zwischen verschiedenen Business-Grafiken hin- und herschalten können, müssen mehrere Grafiktypen angelegt werden. Der Benutzer macht jeweils einen von ihnen sichtbar. Die Legende kann nur über ein Duplikat der Tabelle mit den Grafik-Daten erzeugt werden (vgl. [PILO93], S. 6-9 f.).

Sollen *Hot Spots* ein bestimmtes Aussehen haben, so ist ein Grafikobjekt hinter ihnen zu plazieren, es ist nicht möglich, die Grafik direkt in das *Hot Spot-Objekt* hineinzukopieren.

Oberfläche. *LightShip* unterstützt die Windows-Oberfläche nebst Funktionen wie *DDE, Copy & Paste* sowie *Drag and Drop*.

Cut and Paste funktionierte im Test nicht zwischen *Hotspot-Action-Box* und dem Programm *Write* oder einem Lightship-Textfeld.

Variablen werden über Dialogfelder verwaltet. Kritisch anzumerken ist, daß zuweilen (vgl. z. B. [PILO93], S. 5-2) mehrzeilige Eingaben in einzeilige Eingabefelder notwendig sind.

Negativ fiel weiterhin auf, daß in einem Fall mehrfach die Frage „Load the database from the source?" auftaucht (vgl. [PILO92], S. 2-3 und 2-7), die jedes Mal mit „nein" beantwortet werden muß. Statt den Benutzer jeweils bei der Arbeit zu unterbrechen, sollte das System besser auf einen Befehl des Benutzers zum Laden der Datenbank warten.

Die mitgelieferte Lightship Applikation *Navigator* benutzt Nicht-Standard-Datei-Dialogboxen. Auch wird keine Warnung ausgegeben, wenn der Benutzer unter einem Namen sichern will, der schon existiert. So wird die bestehende Datei überschrieben. (vgl. [PILO93A]S. 5-2) Schön realisiert ist das *Drill Down* über das Anklicken der Chart-Beschriftung.

Ein Befehl zum Speichern vermißt man im Programm *Modeller* im Menü *File*. Dafür taucht er im Menü *Dimension* auf, erzeugt jedoch die gleiche Fehlermeldung, die man erhält, wenn man auf das „Speichern"-Symbol klickt. Es erscheint die Fehlermeldung „Command not yet implemented", und zwar gleich zweimal direkt hintereinander.

LS *Server* ist zwar unter der Windows-Oberfläche implementiert, läuft aber im wesentlichen kommandoorientiert und ist daher umständlich zu bedienen. Es erfüllte daher nicht die K.-O.-Kriterien und wurde deshalb nicht getestet.

Modeller erlaubt es nicht, die in Deutschland gebräuchlichen Dezimalkommas einzugeben. Bei der Benennung von Dimensionen müssen Einschränkungen bei der Wahl der Zeichen hingenommen werden. Es ist nicht möglich, deutsche Umlaute für Merkmalsnamen zu verwenden.

Daß die externen Nachrichten in den Beispieldateien in Versalien mit einzeiligem Zeilenabstand auf dem Bildschirm dargestellt werden, erscheint problematisch. So ist jedenfalls zu erwarten, daß Manager erhebliche Probleme haben werden, sich in den Texten auf dem Bildschirm zurechtzufinden.

Stabilität. Wenn das Programm auch wenig Neigung zum Abstürzen zeigte, so ergaben sich dennoch Fehler im Test. Sie sind in Abschnitt 7.5 aufgelistet.

Dokumentation. Die mitgelieferte Dokumentation ist die umfangreichste im Test – ebenso wie der Festplattenplatz, den die Software benötigt. Insgesamt waren es 13 Handbücher und Heftchen. In einer solchen Dokumentation böte sich ein zentrales Stichwortverzeichnis, ein Glossar und eine einführende Anleitung an, die einen Überblick über die Produkte und Handbücher verschafft. Dies ist auch insbesondere deshalb empfehlenswert, weil die Programme sich in ihrer Funktionalität zum Teil stark überschneiden.

Die Anbindung an *Lotus Notes*, Lightship *Notes* (vgl. [PILO93C], S. 1-7) sowie deren Dokumentation lag im Test nicht vor.

Support. Aufgrund fehlender Herstellerangaben können hier keine Aussagen gemacht werden.

Endbenutzeranpassung. Das Produkt läßt keine Anpassung an Benutzerpräferenzen zu.

Zusammenfassung. Lightship ist ein umfangreiches Programmpaket. Es ist ein mächtiges Werkzeug, welches bezüglich seiner Oberfläche und Flexibilität jedoch noch einige Schwächen hat.

Lightship ist das einzige Produkt im Test, welches in der Lage war, „Wenn-Dann"- und „How-to-achieve"-Fragestellungen zu analysieren. Auch hier zeigten sich jedoch Schwächen in der Oberfläche: es war nicht möglich, in weiteren Analysedurchgängen einzelne Analysebedingungen zu ändern. Vielmehr mußten die Output- und Input-Größen erneut festgelegt werden.

7.4.4 Forest&Trees 3.1 für Windows

Das Produkt Forest&Trees 3.1 der Firma Channel Computing, Inc. besteht aus dem eigentlichen Programm und sogenannten *Data Providers*, mit denen die Datenanbindung möglich ist. Forest&Trees kann über Add-In's erweitert werden.

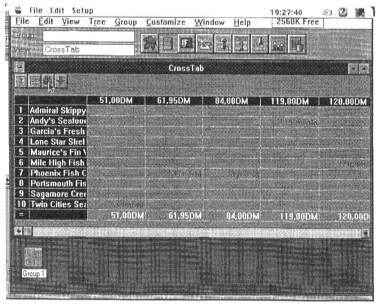

Abb. 23: Kreuztabelle

Konzept. Forest & Trees arbeitet mit einem fast als endbenutzertauglich zu bezeichnenden Datenabfragewerkzeug. Aus den aus Abfragen erzeugten *Views* lassen sich zum Beispiel mit Hilfe von Kreuztabellen Daten konsolidieren, so daß *Information-Trees* entstehen. Diese können mit Hilfe der automatisch erscheinenden *Drill-Down-* und *Drill-Up*-Knöpfe durchwandert werden.

Die Erstellung eines elektronische Berichtswesens ist auf einfache Art möglich, ein Hin- und Herschalten zwischen unterschiedlichen Sichten ist jedoch nur über vordefinierte Wege möglich.

Plattformen. Forest&Trees läuft auf der Windows-Plattform.

Installation. Die Installation mit dem mitgelieferten Installationsprogramm verlief problemlos und schnell.

Datenanbindung. Das Produkt erlaubt die Anbindung an *Client/Server*-Datenbanken, *PC*-Datenbanken und den Im- und Export von PC-Datenformaten. Des weiteren sind noch *Data Provider* erhältlich, die den Zugriff auf *Host*-basierte Datenbanken ermöglichen. Auch ASCII-, 1-2-3- oder Excel-Daten werden über eine Abfrage in Forest&Trees übernommen. Ergebnisse aus Abfragen können wieder abgefragt werden, so daß Daten unterschiedlicher Quellen miteinander kombiniert werden können.

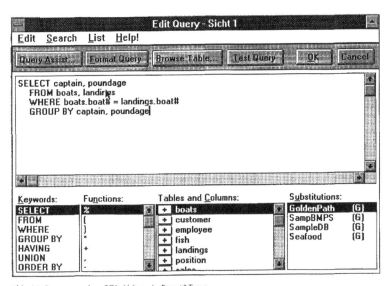

Abb. 24: Erzeugung einer SQL-Abfrage in Forest&Trees

Für den Zugriff auf Client/Server-Datenbanken sind PC-Produkte der Datenbankhersteller (im Falle von Oracle *SQL *Net*) sowie ein entsprechendes Netzwerk(-protokoll) Voraussetzung.

Der Zugriff erfolgt auf einfache Weise über Dialogfelder. Außerdem ist es möglich, das automatisch erzeugte SQL-*Statement* zu verändern bzw. komplett über die Tastatur einzugeben.

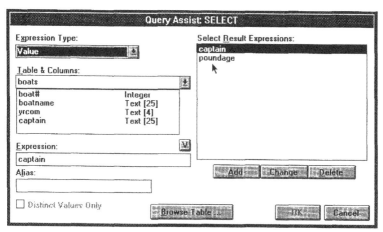

Abb. 25: Erstellen des Select Befehls mit Hilfe des „Query Assistant"

Flexibilität. Durch volle Unterstützung der Funktionen des Betriebssystems wie DDE, Copy&Paste etc. ist eine produktive Arbeit möglich.

Die Datenabfrage ist effizient. Views können nachträglich geändert werden. Hierarchische Strukturen lassen sich auf einfache Art erzeugen.

Oberfläche. Die Oberfläche ist Windows-konform. Der FIS-Anwender kann über die Benutzerverwaltung Rechte zugewiesen bekommen, die auch das Erscheinungsbild der Oberfläche kontrollieren, so daß er die Anwendung auf einfache und flexible Art und Weise kontrollieren kann. So kann er u. U. Abfragen durchführen oder Änderungen vornehmen.

Kritisch anzumerken ist folgendes:

Die Menükürzel entsprechen nicht den üblichen Standards. So fehlen dem Edit-Menü im Hauptprogrammteil die Kürzel vollständig, während sie beim Bearbeiten einer Formel im Falle von *Paste* mit *ctrl-Ins* statt mit *ctrl-v* definiert sind. Gleiches gilt für andere Standard-Kommandos.

Stellt man für ein Textfeld die Option „Read Only" ein, so kann man dieses zwar wie erwartet nicht verändern, der Benutzer wird jedoch dadurch irritiert, daß er weiterhin den *Textcursor* sieht und auch in den Text hineinklicken kann.

Eingaben in Textfelder sind nur über Dialogboxen möglich, was etwas umständlich ist. Die Befehle *Cut* und *Paste* arbeiten nicht, außerdem kann kein Absatz erzeugt werden, die Zeilenschaltung betätigt nämlich die O.-K.-Taste.

Verbesserungswürdig erscheint, daß der *Copy*-Befehl sich auch im *View*-Menü wiederfindet (zusätzlich zum *Edit*-Menü). Übersichtlicher wäre es, wenn er sich allein im Edit-Menü befände und seinen Dienst kontextabhängig verrichten würde.

Stabilität. Das Programm lief im Test stabil.

Dokumentation. Die mitgelieferte Dokumentation besteht aus 3 Handbüchern und einem Tutorial. Sie sind übersichtlich und verständlich. Ein Glossar gehört dazu. Der Index enthält keine Synonyme und läßt den Anwender beim Suchen daher manchmal im Stich.

Support. Auch hier lag zum Zeitpunkt der Fertigstellung dieser Arbeit noch keine Antwort des Herstellers zu diesem Punkt vor.

Endbenutzeranpassung. Die Benutzerverwaltung sichert endbenutzerangepaßte Sichten und Zugriffsrechte (vgl. Oberfläche). Die Anpassung erfolgt jedoch nicht im Rahmen des Betriebes etwa durch den Benutzer selbst, sondern während der Entwicklung.

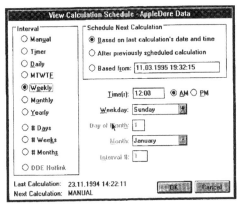

Abb. 26: Einstellung des automatischen Datenupdates

Zusammenfassung. Forest&Trees stellt ein besonders benutzerfreundliches Abfragewerkzeug zur Verfügung, kommt daher ohne separate Modellbildung über Modellvariablen aus. Das

Problem der unverständlichen Tabellenbezeichnungen von Standardsoftware à la R/3 bei der Datenabfrage wird dadurch jedoch leider nicht umgangen, da ein Tabellennamenumsetzer nicht mitgeliefert wird. Für Endbenutzer ist die Datenabfrage deshalb nicht etabliert. Dies führt dazu, daß diese wegen der fehlenden Modellbildung nur starre Sichten auf die Unternehmensdaten erhalten.

Die Konsolidierung erfolgt über *Cross-Tabulation-Views* (Kreuztabellen), *Views* und *View Groups*, welche mehrere *Views* anordnen. Die Struktur ergibt sich fast wie von selbst. Drill-Down wird automatisch entlang der entstehenden Baumstruktur möglich. Wenn auch in Bezug auf die Oberfläche noch einige Verbesserungen zu empfehlen sind (z. B. Cut&Paste), so ist es doch vor allem die Einfachheit der Benutzung, die einen entscheiden Fortschritt des Forest&Trees-Konzepts ausmacht.

Die fehlende Einbindung von externen Informationen, Groupware wie Electronic Mail sowie die fehlende Mehrbenutzertauglichkeit wirken für vor allem für große FIS-Projekte sicherlich stark einschränkend.

7.5 Fehlerbeschreibungen

7.5.1 Lightship 3.3 für Windows Familie

Beim Öffnen der Beispieldatei TOP.LSF, Teil „Competitive Analysis" trat folgender Fehler auf: „The external source DLL identified as LSGINSU ist not loaded. Add the DLL to the initialization file." Der Fehler tritt auch in anderen Bereichen auf, so daß große Teile der Beispielanwendung nicht benutzt werden können. Die betreffende Datei wird erst mit der Installation von *Lens* an ihren Bestimmungsort kopiert.

Die Datei *LS.Ini* wurde bei der Timeserver-Installation neu erstellt und in den Ordner *Timeserv* kopiert. Dies erforderte ein manuelles Abgleichen mit der entsprechenden Datei im Windows-Verzeichnis. Auch die *Timeserv.ini*-Datei mußte noch manuell in den Windows-Ordner kopiert werden.

Nachdem die Änderungen durchgeführt waren bzw. nach den Installationen wurden die Dateien LSMCHART.DLL, LSMODTB.DLL nicht mehr gefunden (sie lagen beide im Modeller-Verzeichnis). Ursache war eine mehr als 255 Zeichen lange Pfadbezeichnung in der Autoexec.bat. Auch nach Korrektur der Pfadbezeichnung konnte eine Datei namens LSCLOCK.DLL nicht gefunden werden. Das gleiche gilt für die Datei DIMTOP.LSF.

Die Meldung „The sheet File D:\LS\DEMO\EXTERNAL\PROPFLO.LSF" is improperly formatted and is probably not a sheet file." tauchte in der Beispieldatei im Teil External Review/Marketing/88 Sumner/Detail/Floors 6-11 auf.

Modeller, Access Data: „Fehler: Specified section does not exist." Klickt man auf bestimmte Symbole, so erhält man beispielsweise die Meldung „Fehler: illegal command"

Das Tutorial für Modeller fehlte bei den Handbüchern.

7.5.2 Forest&Trees für Windows 3.1

Die Beispieldatei von Forest&Trees erzeugte Fehlermeldungen („invalid expression format"). Wie sich herausstellte, mußte in der Datei *ftw.ini* die Einträge „Standard Formula = Yes" und „Standard Query = Yes" in der Sektion „[Options]" eingefügt werden.

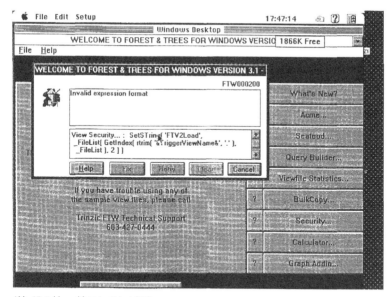

Abb. 27: Fehlermeldung im Beispiel-FIS

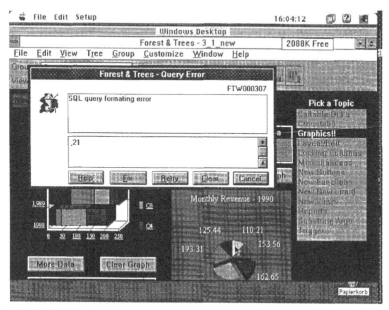

Abb. 28: SQL-Fehler

Diplomarbeiten **Agentur**

Die Diplomarbeiten Agentur vermarktet seit 1996 erfolgreich
Wirtschaftsstudien, Diplomarbeiten, Magisterarbeiten, Dissertationen
und andere Studienabschlußarbeiten aller Fachbereiche und Hochschulen.

Seriosität, Professionalität und Exklusivität prägen unsere Leistungen:
- Kostenlose Aufnahme der Arbeiten in unser Lieferprogramm
- Faire Beteiligung an den Verkaufserlösen
- Autorinnen und Autoren können den Verkaufspreis selber festlegen
- Effizientes Marketing über viele Distributionskanäle
- Präsenz im Internet unter **http://www.diplom.de**
- Umfangreiches Angebot von mehreren tausend Arbeiten
- Großer Bekanntheitsgrad durch Fernsehen, Hörfunk und Printmedien

Setzen Sie sich mit uns in Verbindung:

Diplomarbeiten **Agentur**
Dipl. Kfm. Dipl. Hdl. Björn Bedey —
Dipl. Wi.-Ing. Martin Haschke ——
und Guido Meyer GbR ————

Hermannstal 119 k ————
22119 Hamburg ————

Fon: 040 / 655 99 20 ————
Fax: 040 / 655 99 222 ————

agentur@diplom.de ————
www.diplom.de ————